大夏书系·教育新思考

面向未来的教育创新

*Education Innovation
for the Future*

王殿军　著

华东师范大学出版社
全国百佳图书出版单位

自序 | **为未来领袖人才奠基**

1982 年 1 月参加工作到今天，我已投身教育 38 年；2007 年 2 月由清华大学数学科学系来到清华附中，我已担任校长 13 年。回顾这 13 年的中学校长生涯，特别是翻翻案头那一本本写得密密麻麻的工作日历，看着每天安排得满满的日程表，不由感叹怎一个"忙"字了得！我和我的团队一直坚持不懈地努力，始终秉持"自强不息，厚德载物"的清华精神，让清华附中在各方面不断超越、不断前进，成为清华人在基础教育领域中一张靓丽的名片。最难能可贵的是，我们凭着"行胜于言"的务实作为，在一些教育难点上敢于改革探索，积累了一些实践经验，也得到了广泛的关注和认可。但是，我并不想过多地介绍清华附中的办学经验，讲述我们的具体做法，而是更愿意作为一个基础教育改革的观察者和亲历者，谈谈我眼中的教育、心中的教育和手中的教育。

关于人才培养

2007 年年初，我来到清华附中担任校长，当时许多人都觉得很奇怪，也非常好奇：为什么会让一个大学教授到附中来担任校长？其实，我自己也感到有点意外。

记得那是 2006 年的冬季，大学即将放寒假，作为数学系党委副书记的我正在组织研究生入学考试数学的阅卷工作。大学组织部的领导突然找我谈话，说有一项新的任务交给我，那就是去清华附中担任校长。我当时有点蒙，满脑子都是问号，还傻傻地问："这是征求我的意见还是组织已经决定了？"组织部的领导笑了，并没有回答我的问题，而是说校党委书记会找我谈话。记得真正谈话时，校党委书记没有征求我意见，而是直截了当说明派我到附中的原因，并对我的工作和附中未来的发展提出了明确要求。他说："你在附中工作的意义并不比在大学小，作为师范大学的毕业生，你也算科班出身，又是学数学的，数学课也教得不错，在大学期间一直担任本科招生组长，经常与中学打交道，又有一定的管理经验，到附中挺合适的。"看到我依然有点迷茫、犹豫，他又说："大学有几百个教授，多一个少一个关系不大，而附中只有一个校长，一定要办好附中，要办得与清华的地位相称，要让广大的教职工满意，要在中学教育方面有所创新、有所作为、有所引领。"

既然组织决定了，作为党员、作为清华人，就没有什么好说的了，就要全身心投入到工作中去。我对教育当然不陌生，但是我对中学教育真的比较陌生。我当时想，数学那么难都能学会，难道中学教育就学不会？后来我才发现，中学教育真的比研究数学难。接受这样一项工作，意味着每天要为百亩校园、为几百老师、为几千学生的学习、工作、生活和安全负责，手机得 24 小时开机；意味着几乎要牺牲所有的周末甚至节假日，必须全身心地投入；更意味着要放弃自己研究了几十年的数学，走下熟悉的清华讲台，放弃自己的全国名师梦；还意味着要面对近乎惨烈的应试教育竞争大潮，回应家长与社会的期望……这一切谈何容易！

直到今天，书记的那几句话始终是我工作的标准，也是我克服困难的金钥匙。我对到清华附中做校长始终无怨无悔，因为我觉得对我而言，做中学校长对社会、对国家的贡献真的比做大学教授要大得多。

一个教育工作者对教育的思考、对教育的追求或多或少都会与他的教育经历有关。我也不例外。从某种意义上讲，一个人的教育经历和体验、教育思考和感悟往往决定着他的教育观念和追求。

在我读书的时候，老师要求我们不能只会念书，也要会琴棋书画，还有体育、唱歌、写剧本、表演，等等。我现在经常琢磨，为什么当年在那样艰苦的条件下，一个农村学校的校长和老师能有让孩子全面发展的觉悟，而到了今天，我们的很多学校却把全面育人当成了一个口号？

回想自己的求学经历，从陕北延安一个只有几十户人家的偏僻山村走出来的我，赶上了恢复高考后的第一班车，走出黄土高坡，走进大学，开启了人生最重要的一个转折点。是什么让我改变了命运？是天赋，还是后天的努力？好像都不尽然。我常常回想起我的父亲向人借书、在煤油灯下抄书的情景，是那些北京知青老师向我描绘的外面的世界，在我心里留下了岁月抹不去的鲜明印象，重要的不是他们教给了我多少知识，而是让我有了志向、有了目标、有了追求，他们身上那种全面的素质、忧国忧民的情怀教育了我，影响了我。

今天我们应该培养什么样的人？在我心目中，优秀的学生应该满怀报国之志，对于人生充满激情和正能量，大气、自由、宽厚，有社会责任感，有远大的抱负，而不应该对分数斤斤计较，只想着考上大学学哪个专业最舒适，毕业后干哪行最赚钱。

每一所学校的教育目标、教育追求和教育行为都需要设计，需要选择。我想这种设计和选择，需要体现教育者的价值追求，需要基于学校的历史积淀、文化特色。需要选择的首先是目标，其次是路径，然后才是达成路径和目标的做法。一个人要登上一座山很容易，但是，要带一群人登上一座山就很不容易。有人会问你，为什么要登那座山？有人会问你，为什么要选那条路？有人会问你，为何要走那么快？还有人会问你，为什么选择步行，为什么不坐缆车？……

那座山，就是我们确定的培养目标——为领袖人才奠基；那条路，就是我们所选择的一系列教育教学改革探索。

我们说的领袖人才就是在各行各业中热爱自己的工作、卓有成就，并能引领行业发展的人。用流行的话语来说，就是这个行业或者领域中的杰出人才、拔尖人才、领军人物。

领袖人才就是具有领袖素质和才能的人，不能简单地把"领袖"和"领袖人才"等同起来。中学是人才奠基的阶段，为领袖人才奠基，要培育他们具有领袖人才那样的素质和修为：高远的理想、高尚的品格、出众的才能、超常的耐力和为人民服务的意识。

我认为，不论培养何种人才，品德、志向最重要。一定要努力通过多种形式让学生建立起正确的世界观、人生观和价值观，自觉践行社会主义核心价值观。在中学阶段，同学中的领袖人物对其他学生的影响很关键，同时他们的志向、品德、修养和能力对于未来能否成为领军人才也至关重要。

清华附中把"为领袖人才奠基"作为自己的教育使命，我们的教育责任就是为这些未来的时代精英们奠定身体健康之基、良好习惯之基、综合能力之基和人生方向之基。

基于上述考虑，我们举办了"学生领袖训练营"，促进优秀学生更加卓越，用优秀学生带动全校学生更加优秀；我们开设生涯规划课程，帮助学生明确自我定位和奋斗目标，以确保未来发展的持续性和有效性；我们开发校外考察课程，充分利用社会资源，带领学生走出校园，接触社会、了解社会，增加社会生活积累，获得对社会物质文化、精神文化和制度文化的认知、理解、体验和感悟；我们开展社会服务性学习，倡导"奉献、友爱、互助、进步"的志愿精神，增强清华附中学子的时代使命感和责任感，培养志愿者的主人翁意识和奉献精神，鼓励回报社会，努力为推动社会文明和国家发展贡献力量……

关于教学改革

我经常跟清华附中的教师讲，不能将自身的水平作为学生的追求目标、上限，甚至天花板。教师不能只是教得出色，更要引导学生学得出色。如果全靠教师手把手地教，最多只能教出和教师一样的学生，不可能教出超越教师的学生，更难达到培养具有创新意识和能力的行业领军人才的目标。

我们现在过于强调教师的水平了，大家往往用教师的学历、头衔来衡量一所学校的师资力量甚至办学水平。

对于一所学校来说，优秀的学生、雄厚的师资以及学校的办学水平是一个良性循环，但是不能把顺序颠倒了，并不是只要有了优秀的教师，就能教出优秀的学生。优秀的教师要给学生创造好的学习氛围，为学生提供必需的学习条件，引导学生，激励学生，让学生对所教学科产生兴趣。当学生产生了学习兴趣，就会自发地去钻研，钻研的程度可能比老师还要深，学得还要多，能力还要强。这是对教师角色转变的要求。当然，针对不同的孩子要有不同的激发方式，因为孩子是千差万别的，大道理不一定适用于所有的孩子，让孩子认真投入学习的方法应该是多样的、有效的。

教师要因材施教，点亮孩子心中的梦想，启动学生内心的发动机，调动学生的好奇心和学习主动性，之后无需再去加力，让他自己运转就好。一个优秀的、有经验的教师不会只用一招应对所有的孩子，更不应该简单地给学生灌输知识。在我看来，好学生不是教出来的，但让一些孩子完全自学也是学不好的。教师在学生学的过程中要给予激励，要给予助力，帮助他们不断超越自己，获得学习的成功、成长的经验和继续钻研的能力与动力。

只有解决好了教什么、怎么教的问题，才能改变学生的培养方式。为促进因材施教理念的落实，我们专门建立了教师的学术积分制度，改善了教师评价体系。清华附中在全国率先开展慕课和翻转课堂的实践，培训和推广了互动式教学和讨论式教学。今年年初，这样的理念和教学方式对抗击新冠肺炎疫情的冲击、提升在线教学的效果发挥了重要作用。

因材施教的落实还与学校的课程教学体系设计密不可分。学校的课程体系、教学方式，要能适应学生个性化差异较大、发展需求多样化的现实，满足不同发展倾向和不同水平层次的学生的需求。

一所有追求的中学，应该具有适度超前的眼光，能做出引领性的探索。比如，为了开拓学生视野，培养学生的学习和创新技能，信息、媒体和技术技能，生活和职业技能等 21 世纪核心技能，清华附中开发了旨在培养学生综合能力的综合课程（后来才有了 STEM^① 课程的概念）；为了能够更好地培养清华附中学生的竞争力和领导才能，学校设计并实施了旨在培养学生的大局观、责任感、创造力等能力素养的，具有清华附中特色的领导力课程；为解决课程体系缺乏层次性、学有余力的学生"吃不饱"的问题，学校在 2009 年就开始探索开设中国大学先修课程；为了对学校课程进行内容、形式上的合理补充，清华附中还形成了具有多元知识内容、由学生自主选择内容并自主授课的学生自创课程。这样，学校就形成了以核心课程为中心，以综合课程、领导力课程、学生自创课程为支撑的多层次、立体化的课程体系。在这样的课程体系下，天赋各异、水平不一的学生都能得到充分的发展。这不就是中国人所追求的"各美其美，美美与共"的境界吗？

---

① 科学（science）、技术（technology）、工程（engineering）和数学（mathematics）四门学科的英文首字母缩写。

关于办学

在中国，很多教育者包括家长都有名校情结，并对名校的办学经验趋之若鹜。名校的形成有各种各样的原因，其办学经验，有的可模仿可借鉴，有的则难以迁移应用。毋庸讳言，清华附中是一所有着百年文化积淀的知名学校。清华附中的探索，固然有一定的特殊性，但更多的还是大家可以借鉴的通用经验和普遍规律。

从我到清华附中后 13 年的发展历程中，我认识到，办好一所学校，一定要充分考虑以下四个方面因素：

第一，社会的客观需求。学校只有满足社会需要才有可能实现自身的价值，得到社会承认。学校只有把握社会发展趋势，才能抓住发展机遇，这也是学校管理者战略思维能力的体现。

第二，学校的客观基础。学校的今天是昨天的继承，学校的明天是今天的发展。学校一定要处理好继承和改革的关系，充分挖掘、了解和继承学校过往的优良传统并发扬光大。

第三，办学的客观条件。学校的办学是需要一定条件支持的。这些条件包括生源质量、师资队伍、设施设备、社会资源和政策支持等。学校规划的实现离不开这些客观基础，要量力而行，不要好高骛远。

第四，教育的客观规律。教育规律主要是指学生身心发展规律、认知规律、教学规律和学校管理过程中的规律。一定要研究规律、掌握规律、尊重规律，按照规律组织教育教学活动。

名校与一般学校不同，应做更多的事情。我觉得名校至少应该有三大责任：为未来人才奠基、引领教育改革创新和努力承担社会责任。清华附中作为世界一流大学的附中，作为一所知名中学，我们一直告诫自己，不仅要办好学，也要在改革、创新、社会责任的承担方面有所作为。

当然，办好一所中学不仅需要清晰的定位、明确的目标、切实可行的计划，更要有一个团结和谐的领导团队和充满活力的教师团队，离开这些，校长将无能为力，无法作为。

本书记录了我担任清华附中校长13年来的所作所为、所思所想，所收录文章先后发表于《中国教育报》《人民教育》《未来教育家》《中国教师》《北京教育》等十余家媒体。这些文章的内容可以用"守望、求索"这四个字来概括。"守望"包含着我们对教育责任、教育规律、育人规律的尊重、坚守和践行；"求索"包含着我们对学校教育、人才培养模式变革的思考、追求和探索。

有些求索已经有了完美的答案，更多的求索刚刚开始。太多的东西需要坚守，太多的东西需要变革，太多的东西需要勇敢创新。"路漫漫其修远兮，吾将上下而求索。"

与各位读者共勉！

王殿军

2020 年 8 月 20 日

目 录

PART / 4

第四辑

创新教育视界：
给学生更高品质的教育

APPENDIX

附　录
媒体访谈

PART / I

第一辑

创新人才培养：
为学生的未来奠基

以学生为本，为未来奠基

"办学要办奥运会，教育不搞世界杯"

作为一名教育工作者、一名校长，我思考最多的一个问题是：学校的使命究竟是什么？学校的使命应该是担当起国家、民族、社会赋予学校的责任。我们既要传承历史，也要面对当下，更要前瞻未来、面向世界。

宏观地讲，每个学校的使命都是为国家培养合格的人才。但是，每个学生存在个体差异，每个学校情况不同，社会行业分工对人才的需求也千差万别。所以，学校有同样的使命，但应该有不一样的特色。我特别赞成陈玉琨教授所说的一句话："办学要办奥运会，教育不搞世界杯。"世界杯只有一个项目，最后只有一个冠军是胜利者，而奥运会体育项目众多，各路豪杰均有用武之地，而且设有金、银、铜牌，成功者众。所以，学校只有走多样化、特色化的发展之路，为不同潜质、兴趣的孩子提供适应其个性发展的教育，才能培养出多样化的杰出人才，适应社会发展对人才的需求。

为各行各业的领袖人才奠基

在清华附中百余年的历史中，我们不断传承、纳新，从"以育人为中心，以学生为主体，为了每一个学生个性自由而全面发展"到"探索拔尖创新人才培养"，再到"为领袖人才奠基"，我们走出了一条"注重培养学生全面发展，也注重培养学生个性发展，更注重培养拔尖创新人才"的一脉相承、与时俱进的育人之路。

有人说，学校的办学理念决定了一所学校的灵魂和学生的素质。那么，"为领袖人才奠基"就是清华附中的灵魂。

许多人对"领袖"这个词比较敏感，容易理解为"政治领袖"。这与我们的定义相去甚远。我们说的"领袖"，是指在各行各业中热爱自己的工作、卓有成就并引领行业发展的人。用流行的话语来说，就是这个行业或领域中的杰出人才、拔尖人才。清华附中定位的"领袖人才培养"，其实是让学生选择自己的智力优势方向、感兴趣的方向去努力发展，并最终取得成功。

一个杰出的人才，一生最重要的贡献往往就在一两个领域之中，人才最重要的是有特长、有专长。但在我们的教育过程中，培养、评价和选拔，都采用"N项全能"的标准，让孩子全面发展、样样精通。在一定意义上讲，每科都全面发展远不如每科都合格而某一科极其突出更有意义。

如何克服片面追求学生智育"全面"的问题？如何发现、保护、培养好那些具有特殊天赋的学生？如何解决教育"不适应国家经济社会发展的需要，不适应国家建设对人才的需求"的现状？这些，都是清华附中关注的问题。

我一直认为，我国的各类著名中学必须把"为各行各业的领袖人才奠基"作为自己的教育使命，要力争把学生培养成各行各业的领军人物，具有领袖的气质——坚韧刚毅、追求卓越。既然"办学要办奥运会"，那么，每所学校都应该努力培养各个项目的冠、亚、季军，为每个参加奥运会项目的选手提供支持，即给学生提供适应其个性发展的机会和平台，这应该成为我们实践的重点。

独具特色的领袖训练营

清华附中一直致力于做好大中学衔接、多样化培养的工作，为一流高校输送各类优秀学生。

早在20世纪60年代，清华大学和清华附中就开始在高中试办"大学预科班"。20世纪80年代，为探索优秀田径后备体育人才的培养途径，创办了"马约翰体育特长班"。20世纪90年代，为探索理科拔尖人才培养，又试办了"高中理科试验班"。1998年，清华大学附属学校"一条龙"整体教育改革实验计划启动，试办了"一条龙试验班"。2000年，试办"高中美术特长班"。2007年，面向全市招收民乐特长生，与美术特长生联合排班，成立清华附中"艺术特长班"。

这些实验虽然规模不大，但是意义深远。现在，我们与清华大学的合作培养模式已趋成熟，在体育、美术、音乐等方面具有专才的学生不仅能够得到附中老师的指导，还可以经常聆听大学教授的讲座。不仅如此，我们还在物理、生物、数学等科目上与多所大学以及科研院所建立了成熟的合作关系，如果一个学生希望得到导师们的指导，他只需要达到两个条件：第一，统筹规划好自己的时间；第二，完成导师布置的任务。所以，在清华附中，只要你有能力和需求，学校将为你搭建攀登的桥梁；如果你愿意并且有能力站得更高，学校就替你寻找巨人的肩膀。

我想要强调的是，出"成绩"固然不容易，出人才则难上加难。为了能够给有专长的学生们提供更加丰富的资源和平台，学校研究借鉴国外大学先修课程体系的理念，将其改革后运用到中国的教育实践中。如果能够按照设想，让每个有兴趣、有能力的学生自主选择想要学习的大学课程，给予学生更加丰富、有深度的课程，进一步推进大中衔接，那么，我们就能达到"将学生从应试化教育的束缚中解放出来、缓解教育资源不够均等的问题，从根本上保证学生全面而有个性地发展，缩短人才培养周期"的目的。

当今时代，青年领袖人才培养得到越来越多的重视，"青年领袖""领导力"等词语也得到人们的关注。中学阶段对于这种优良品格的养成是非常关键的，具有奠基性的作用。从2009年开始，我们继承了清华附中勇于改革的精神，针对现在的学生普遍缺乏大视野、大追求的弊端，开办了学生领袖训练营，这也是学生成长模式上的一次创新。虽然青年人不一定能成为领袖，但是我们认为，应该培养他们的领袖品格和领袖素质，比如高远的理想、高尚的品格、出众的才能、超常的耐力、服务的意识等。

未来的路还很长

对于"为未来领袖人才奠基"这一命题，清华附中一直在努力完成一份漂亮的答卷，但是通过思考、实践、再思考的过程，我们越来越深切地感觉到，其实，我们并不缺少有成为高层次杰出人才潜力的学生，缺少的是对这些资优生的培养。领袖人才的培养需要更为广阔的平台、更为坚实的支持、更为广泛的关注。

第一，我们单一的评价和选拔人才的体系，导致中学教育中功利主义盛行。我们没有全面正确地理解教育均衡和教育公平的真正涵义，导致在我们的中学教育实践中真正体现的是平均主义，追求水平一致，无论学生天赋如何，都接受完全相同的教育。我们没有正确理解"有教无类"，更没有正确理解"因材施教"。我们总是由一个极端走向另一个极端，谁也不敢提"英才教育"，似乎谁提了就是歧视天赋不优秀的人，就违背了教育公平的原则。这样中庸的教育实践，浪费了资优生的智力资源，也让天赋平平的儿童苦不堪言。因此，我们应该精简教学内容，降低学习难度，学科发展不搞平均主义，在普遍达标的前提下，允许学生在一部分自己特别感兴趣的学科上投入更多的精力。总之，具有足够的自主时间，是杰出人才培养的重要保障。

第二，我们可能要彻底改变传统的教学方式。学生应该以自主学习、探究学习为主，教师则主要起引导和总结的作用。在教学中，要尊重学生的个性、兴趣，允许学生在中学阶段就可以在高水平导师的指导下开展课题的研究工作。创造条件让资优生能在高中阶段走进实验室，走到科学家身边，在科学家的指导和影响下不断成长。我们一定要努力保护好学生的好奇心、想象力，激发学生的学习兴趣。好奇心和想象力是成为创新人才的前提，应试教育的最大危害就是磨灭了优秀学生的好奇心和想象力。最好的保护方式就是允许学生提出自己感兴趣的问题，探索自己感兴趣的课题。只有这样才能激发学生的学习兴趣，解决学生成长的动力问题。

给每个学生以最适合的教育，让我们的教育不再是一种单纯以提高应试成绩为目的的技术工作，而是上升到最大限度地提升学生的能力和素质、努力培养他们成为未来领袖人才的事业，这就是我们的教育理想。即使我们培养的学生不见得未来都会成为领袖人才，但是我们提供的教育能够在他们身上留下烙印，能够让学生终生受益，我认为这也是我们教育的成功。

我相信很多人也有和我们一样的理想，但是有的人受限于现实条件和舆论，不愿将其付诸实践；有的人则宁可停留在教育的惯性舒适区，不愿迈出向前的这一步。我认为，任何一个理想如果不付诸实践，最终都难以摆脱"乌托邦"的质疑。所以，敢于提出自己的理想，在现实问题前能坚持自己的理想，能够在实践理想的道路上不随波逐流，坚持教育的底线，这才是清华附中人赋予自己的使命，也是我们一直坚持下去的动力。

培养拔尖创新人才的战略思考与设想

创新型国家的核心是创新，一切创新都要依靠人。要提高国家的核心竞争力，建设创新型国家，教育必须培养出一批又一批拔尖创新人才。但长期以来，我们缺乏对拔尖创新人才培养的足够重视，尤其是忽略了中学在拔尖创新人才培养中的奠基作用。

如果我们在拔尖创新人才的培养上落后于别国，就意味着核心竞争力的缺乏，意味着我们无法跟上世界科技发展的新步伐，意味着难以实现由"中国制造"到"中国创造"的转变，只能跟在世界强国后面被动模仿，意味着我们难以实现全面的超越。

拔尖创新人才培养，是一个重要、复杂而又不可回避的问题。《国家中长期教育改革和发展规划纲要（2010—2020年）》也明确强调要创新培养模式，努力培养拔尖创新人才。只要我们真正意识到了拔尖创新人才培养的重要性，就一定能够在有针对性的教育实践中探索出培养拔尖创新人才的好办法。

要充分认识拔尖创新人才培养的重要性和急迫性

国力竞争的关键是人才竞争，人才竞争的核心是拔尖创新人才的竞争，拔尖创新人才的竞争归根结底是拔尖创新人才培养的竞争。拔尖创新人才的产生不完全靠教育，但是良好的教育过程、宽松的教育环境，一定有利于拔尖创新人才的涌现和发展。

世界各国历来非常重视中学阶段的拔尖创新人才培养。

美国是公认的教育普及化程度比较高的国家。但即使如此，美国依然十分重视拔尖创新人才培养。美国的各行各业都有来自世界各地的优秀人才，但是领军人物基本上都是美国本土培养出来的精英人才。美国能培养出如此众多的拔尖创新人才绝非偶然——美国建立了多样化的培养模式、灵活的培养机制。他们把各中学前5％左右的资优生单独划分出来，予以特别关注和培养。这种培养从教学内容、教学方式、学习方式、培养模式和师资配备等许多方面，都不同于对一般学生的培养。

英国在培养拔尖创新人才方面，也有其传统而独到的做法。他们利用全国最高水平的公学精心培养2％左右的资优生，为这些资优生创造最好的教育环境，配备最好的教育资源，特别是配备一些大师级的教师，可见其对拔尖创新人才培养之重视。世界著名大学牛津和剑桥有50％以上的学生来自英国公学，这些资优生会在大学得到进一步的良好培养。

法国拔尖创新人才培养的制度设计也很完善。他们在一些高水平的中学设立了大学预科，只有10％左右的优秀中学生才能完成大学预科，并最终通过严格的笔试和面试进入法国大学校深造。无法进入法国大学校的学生，则分流升入其他的学院或大学去读书。法国的大学校肩负着法国拔尖创新人才培养的任务，这些学校的规模都不是很大，但学生水平非常高。这些大学校长久以来培养了一大批学术、政治、经济等领域的精英人才。

我国在拔尖创新人才培养上已经严重滞后。2009年教师节前夕，温总理在北京三十五中听课之后举行的座谈会上指出："我们的教育还不适应经济社会发展的要求，不适应国家对人才培养的要求。"这就是说，从某种意义上讲，我们的教育还没有让总理放心，没有让人民满意。教育的发展滞后于经济社会的发展，没有在国家发展、民族复兴中发挥应有的作用。

与世界教育发达国家相比，我们在拔尖创新人才培养方面的差距很大，基础教育阶段的拔尖创新人才培养差距更大。我们的基础教育体系采用几十年一成不变的培养方式，完全忽略了孩子的个性和天赋，没有很好地体现因材施教的教育原则。我们过分强调知识传授的重要性，误认为学生学的知识越多，能力就越强，创造力也越大。我们的课程内容普遍偏多、偏难，学习时间几乎挤占了学生所有的时间。而实际上，传授知识不是目的，培养动手能力和创造能力、启迪智慧和掌握方法才是培养目的。知识的掌握需要很大的智力成本和时间成本，过度传授知识会严重降低培养效率，付出沉重的智力代价。

这种理念的差别导致了人才培养水平的巨大差异，尤其是拔尖创新人才培养能力的巨大差异。虽然拔尖创新人才在任何社会历史发展阶段中都是少数人，但他们在社会历史发展进程中所发挥的作用却是十分巨大的。纵观人类社会和科学的发展史，不难发现拔尖创新人才所发挥的巨大作用。领袖可以引领一个国家、一个民族走向繁荣富强，大师可以引领一个甚至若干个领域发生巨变。

如果缺少了拔尖创新人才，国家的发展势必会变得缓慢甚至步入衰退。我们建设创新型国家需要大批的拔尖创新人才，但是，我们对拔尖创新人才的需求仅仅停留在呼唤和渴望上，缺乏对拔尖创新人才培养的足够重视，缺乏对拔尖创新人才培养的系统研究，甚至不敢正视自己拔尖创新人才培养的缺失和失败。难以相信，在最需要拔尖创新人才的时代，我们却没有建立起自己的拔尖创新人才培养体系。

人的许多能力的培养都有一个最佳时期，在最佳时期培养可以起到事半功倍的效果。拔尖创新人才培养和创造力培养的最佳时期就是高中阶段。高中教育可以起到承上启下的作用，发挥拔尖创新人才培养的奠基作用。中学是培养人才的创新精神、创新意识和创新素质最重要的时期，所以拔尖创新人才培养必须首先从中学抓起。

国际普遍认可的具备突出天赋的学生一般占全体学生的 2% ~ 5%。如果按照这种比例来计算，我们国家的资优生数量相当可观。他们是未来最有可能成为某个领域杰出领袖的人，是国家最宝贵的人力资源"金矿"。但是，在我们的教育体系的设计中却完全忽略了这部分资优生，于是他们中的绝大部分人最多只能成为一名考高分者或者竞赛金牌得主而已，未能发展成拔尖创新人才。写到这里我突然想起了韩愈关于"伯乐"的名句——"千里马常有，而伯乐不常有"。我们缺乏的，正是可以识别出"千里马"并可以使它们发挥最大作用的"伯乐"。

我们的教育发展已经处在一个非常关键的时期，我们不能等待理想中的教育均衡达到之后，再来考虑拔尖创新人才培养问题，这是对民族和国家的未来不负责任。我们应该意识到我们国家的拔尖创新人才培养已经迫在眉睫，我们必须在虚心借鉴国际拔尖创新人才培养的成功经验、认真研究拔尖创新人才培养规律的同时，大胆创新，勇于改革，开创中国拔尖创新人才培养的新局面。

拔尖创新人才培养的关键是创新培养模式

要搞好拔尖创新人才培养，首先要搞清楚拔尖创新人才成长的规律和培养的规律。只有尊重规律、按照规律办事，才能搞好拔尖创新人才培养。我们国家缺乏对拔尖创新人才培养的足够重视，缺乏对中国拔尖创新人才成长规律和培养规律的系统研究，拔尖创新人才缺失就不足为奇了。

我们并不缺少具有成为高层次杰出人才潜力的学生，我们缺少的是对这些资优生的培养。我们的许多示范性中学，在招生的时候十分重视吸引和选招资优生，甚至专门设有超常儿童实验班。但是，在现有应试教育体系中，无法真正培养好这些宝贵的资优生，他们更多的作用是考高分。因为，无论他们多么优秀，也要经过高考这一关，必须读完三年的高中，由于高二是不能参加高考的，你再优秀也不行。无论跑得快慢，无论你是否提前跑完，我们的体制是要求大家同时到达终点。

对于拔尖创新人才培养，我们也不能等理论完全研究清楚了再去实践，要抓住关键问题，采用实践探索、总结反思、不断提高的思路来推进工作。我认为，拔尖创新人才培养最关键的就是要创新培养模式。实践已经证明现有的模式无法使拔尖创新人才很好地成长，我们就必须坚决地对培养模式进行改革。在改革培养模式的同时，再创造其他保障条件。

可喜的是，在我们的基础教育战线，许多有识之士已经意识到了拔尖创新人才培养的重要性，并且进行了大胆的探索和实践。

在上海市，上海中学、华东师大二附中、上海交大附中、复旦附中，已经率先开展了培养拔尖创新人才的实验，突破了常规的教育体系，从学生选拔、培养模式、大学与中学衔接培养等许多方面都有很大的变化，这无疑是对现有的人才培养体系的一个重要的补充和改进，大大弥补了现行体制在拔尖创新人才培养方面的严重缺陷。北京市也启动了以培养拔尖创新人才为宗旨的"翱翔计划"。但是，这种改革和实践，对于我国整体拔尖创新人才的需求而言，依然是杯水车薪。

清华附中也曾经在理科人才培养方面进行多年的探索和实践，做出了突出的成绩，积累了丰富的经验。尤其在大学与中学衔接培养上，做出了非常有效的探索和实践。这十几年所培养出来的优秀学生，已经在不同的领域崭露头角。遗憾的是我们没能坚持下来。

如果不突破现有教育体制和高考制度，拔尖创新人才培养模式改革难以真正实现，如果不建立拔尖创新人才培养的国家体系，中国的拔尖创新人才培养形势难以真正改观。

必须建立国家拔尖创新人才培养体系

实践证明，我国的拔尖创新人才培养是很不成功的，或者说根本就没有真正意义上的拔尖创新人才培养。这说明现行的教育体制无法满足拔尖创新人才培养的需求。要想搞好高层次人才的培养，我们必须改变原有的教育理念、培养模式、评价方式和选拔方式，这就需要我们进行教育创新。

当然，教育问题事关国家兴衰和民族的未来，事关千家万户，教育的任何改革都要十分慎重。为了尽快改变我们拔尖创新人才培养的被动局面，我们需要在人才培养上建立"双轨制"，即：一般学生继续沿用现有的教育体系和培养模式，而拔尖创新人才培养则采用全新的拔尖创新人才培养体系。

拔尖创新人才培养体系，必须首先打破中学与大学之间在培养人才上的明确界限，搞好衔接式培养、合作培养，尽可能减少应试教育对拔尖创新人才培养的影响。为了实现拔尖创新人才培养的目标，必须进行教育创新，充分借鉴国际经验，在不影响现行教育体制的前提下，把拔尖创新人才培养变成国家行为，建立国家"拔尖创新人才培养工程"。我有以下具体建议：

1. 要确定能够纳入"拔尖创新人才培养工程"资优生的比例和人数。比例的确定，既要考虑我们国家的培养能力，又要考虑具有特殊天赋学生的人数，可设为2％左右。

2. 要确立资优生的遴选标准和遴选方式。在这方面可充分借鉴国外的一些成功做法，笔试与面试相结合，适当参考智力素质、心理素质和身体素质。

3. 先试验，后推广。"拔尖创新人才培养工程"的开展，必须先从基础教育条件比较好的地方开始，选择数所条件非常好、教育水平非常高的学校试点。取得成功经验之后，再逐步推广。

4. 建立基地校。要在基地校设立由纳入"拔尖创新人才培养工程"的资优生组成的班级，由基地校负责落实国家对这些资优生的培养工作。基地校的选择，既要考虑到该校的办学理念和水平，又要考虑到是否便于实现大学和中学的衔接培养。基地校的"拔尖创新人才班"就是拔尖创新人才培养的"国家队",培养工作应该由国家统筹安排。

5. 采用全新的培养模式。对于进入"拔尖创新人才培养工程"的学生,要采用先进理念,进行教育教学设计和组织实施。从学生的人生观、价值观和理想信念教育,到教学内容、教学方式和学习方式,都要采用全新的形式,按照有利于培养创造能力和创新素质的要求去设计和实施。

6. 建立一支高水平的师资队伍。为了落实好对资优生的培养,需要真正建立一支国家级的教师队伍,其中应该有相当一部分是大师级的人物。这些专家可以来自大学或者科研院所。

7. 搞好中学与大学衔接培养。对于资优生的培养,中学与大学一定要联合起来,共同完成。比较有利的方式就是基地校依托一所高水平的大学。学生从高二开始就可以选学大学的一些课程,这些课程可以是大学老师到中学来教,也可以是学生直接去大学选学,所获得的学分在学生进入任何一所大学之后都予以承认。这些学生可以不经过高考,而通过双向选择的方式进入高水平大学学习。进入大学之后,要制订专门的培养计划,确定专门的指导教师,继续进行精心培养。

8. 建立一套完备的评价制度,有完备的分流机制。对于已经进入"拔尖创新人才培养工程"的学生,要建立学业和成长记录,每学期安排一次综合测评。在学生进入"拔尖创新人才培养工程"的第一年,进行一次分流,无法适应的学生要回归普通教育体系;能够继续留下来的学生,如果能完成培养计划,经过一定的测评之后,可以直接升入大学进一步深造。

9. 建立制度和机制保障。为了使得"拔尖创新人才培养工程"能够顺利实施、可持续发展,必须在国家层面建立制度和机制保障,建立严格的、具有权威性的资优生选拔程序和标准、公平合理的分流机制和严格规范的评价程序,一定要保证制度的公平性、选拔评价的权威性、继续深造的保障性、拔尖创新人才培养的延续性。

拔尖创新人才培养中要处理好几个重要关系

建立国家拔尖创新人才培养体系不是一件容易的事情。但是，对于国家的发展而言已经是刻不容缓。我们已经耽误得太久，我们已经远远落后，我们已经不能再等待。

在拔尖创新人才培养方面，一定要处理好一些关系，否则无法搞好拔尖创新人才培养。

1. 处理好拔尖创新人才培养与教育公平的关系。拔尖创新人才培养必然要占用非常优质的教育资源，容易受到教育公平方面的质疑。拔尖创新人才培养是建立在学生存在智能差异这样的客观事实基础上的，是建立在国家对不同层次人才的需求之上的。不能把搞好拔尖创新人才培养与教育公平对立起来。实际上，为每个学生提供更适合他的教育才是真正的教育公平。

2. 处理好进入"拔尖创新人才培养工程"的学生与普通学生之间的关系。建立拔尖创新人才培养体系之后，就会出现"双轨制"，就会有一小部分资优生不经过高考而升入最好的大学。在优质教育资源本来就很紧缺的今天，这有可能对教育行政管理部门造成很大的压力，提出巨大的挑战。但是，这就如同当年国家再穷也要搞"两弹一星"一样，再难也要搞拔尖创新人才培养。首先从严把遴选关开始，中间再建立严格的评价分流机制，建立好两轨之间的立交桥，建立好顺利通过拔尖创新人才培养项目学生的升学"直通车"，处理好资优生的培养和普通生的培养的关系，就可以保证"拔尖创新人才培养工程"的顺利实施。

3. 处理好大学和中学的关系。在拔尖创新人才培养问题上，中学是一个奠基过程，大学要衔接培养。在中学阶段，以中学为主，大学要在师资保障、教学和课程设置、试验条件、探究性学习指导等方面给予全力配合。升入大学之后，对这批学生，大学要继续关注，制订专门的培养计划，要在大学继续实施"拔尖创新人才培养工程"。

青年领袖人才：踩稳脚下七块"砖"

L·

担任清华附中校长以来，我一直有一个想法——希望在这样一所具有悠久历史、深厚文化底蕴和一流大学背景的学校里，培养出一批热血青年。他们除了关心排名、分数和考入什么样的大学之外，还能关心身边的人和事。他们关注社会，关注世界，忧国忧民；他们立志成就大业，立志成为影响未来时代潮流的人，成为未来社会发展的引领者。他们将来不一定能成为领袖，但他们是具有领袖品格和领袖素质的人。我们有责任创造相应的锻炼平台和成长机会，努力提高学生的竞争力，为培养领袖人才奠基。

要成为未来的领袖人才，中学时代的他们应该具备什么样的品格与素养呢？

关键词一：勇气与理想

小到一个小组、一个班级，大到一个领域、一个国家，领袖和大师的作用都是非常关键的。不可能每个人都成为杰出人物，但是，每个人都应该努力使自己具备领袖的素质。追求大理想，成就大事业，不要在乎一时成败。人生就是一场马拉松，赢在终点才最重要。

我常常想，如果像清华附中这样的学校，都没有培养青年领袖人才的追求和气魄，那么，国家和民族的未来靠谁来引领？每一个优秀的学子，都应该有成为未来领袖的勇气与理想。

人的智商也许与天赋有关，但是，人的情商和思想理念是完全可以培养和改变的。在商界和政界流传着一种说法：智商140的人往往受智商100的人领导。那是因为后者情商与智商匹配之下的综合能力比较强。他们在自己受教育的重要阶段，综合能力得到了充分的锻炼和成长，自然具备成为领袖的素质和潜力。

关键词二：规则与规律

每个学生将来都会成为社会人，都有追求更好的社会地位和体面生活的欲望，这是社会进步和发展的基础。在这个奋斗过程中，有两个词必须牢牢记住：规则和规律。规律是本质，规则是基础；要了解和尊重规律，也要懂得规则。不懂规则就会处处碰壁，要用智慧去寻找规律与规则的平衡。

规律是事物发展的本质，是不以人的意志为转移的客观存在。规律属于绝对真理的范畴，人们对规律的认识只能停留在一个相对趋近的层面，而且不同的人或者同一个人在不同的情况下，对规律的认识也会不同，因此，认识和遵守规律永远是相对的。如果用数学的语言来描述，规律好比一个极限值，而人们的行为就是趋近和收敛于极限的过程。

我们所学习的一切知识，都是前人对自然和世界规律的总结，是前人智慧的结晶，我们必须尊重。但是，为了更好地锻炼自己的创造力，必须抱着怀疑的心态去对待已有的知识和结论，尤其是对那些看起来极其不自然的东西和难以置信的东西，一定要尽最大努力，搞清背后的道理，认识规律，而不是简单地接受和记住。

一个社会有各种各样的规则，上到法律，下到日常行为的道德准则和习惯，我们都必须充分了解，一定要尊重规则、重视规则。这里应特别强调两点：一是要平衡好规则与规律的关系。现实当中，许多规则不符合规律，怎么办？一定要有智慧、有策略地去应对，不要由此而变成"愤青"。现实和理想之间肯定有差异，这是人类永远要面对的挑战。二是要有挑战权威的勇气。尊重规则不等于不去挑战，不去改变。遇到规则不符合规律的情况，应该深入思考，创造条件，在关键的时刻，勇敢去改变现实，使之趋于科学，更加符合规律。

关键词三：竞争与合作

联合国教科文组织提出现代教育培养学生的四个支柱：学会认知、学会做事、学会合作、学会生存。我想特别强调的是沟通与合作。一个人仗剑走天涯的时代已经过去了，要学会借用身边的资源帮自己完成目标。中国的教育和之前实施的独生子女政策，导致一些学生在成长过程中缺少与同伴相处、与人沟通的机会，与人沟通的能力先天不足，这就要求学生必须有意识地锻炼和培养。那么如何才能与别人进行良好的沟通呢？以我的经验，无论你处在什么样的位置上，平等、尊重、自尊、耐心、真诚对于沟通都是十分重要的。尤其是面对你不欣赏的人、不喜欢的人、感到难以相处的人，仍然能够很好地沟通，这就是领袖应具备的素质。

沟通是合作的前提和基础。沟通的目的是要达到彼此理解和尊重。强调沟通与合作不是不要竞争，而是为了更好地竞争，取得竞争的优势。好比篮球比赛，没有竞争就没有比赛，没有比赛你的能力和水平就无法得到展示和锻炼，而缺乏本队队员之间的合作，这个竞争就变得毫无意义。合作与竞争是永久的主题。大家要注意观察和思考，从合作与竞争关系处理得很好的历史与现实的典范中得到启发，学习那些领袖、政治家和大师们处理竞争与合作的智慧。

关键词四：创造力与激情

创造力是成就大业者必不可少的基本素质。作为引领者，必须想在别人前边，具有超前意识，具有战略眼光。要具有创造力，首要的是保护好自己的兴趣、好奇心和想象力，这是创造力的源泉。有兴趣才能有激情，有激情才能成功。一个人很难在自己不感兴趣、缺乏激情的领域取得大成就，干出大事业。

当然，这个感兴趣的事情，一定得是有意义、有情趣、有格调、能体现创造性的事情，而不是玩网络游戏之类的重复性娱乐活动。网络游戏是开发者和创作者的创造而不是玩家的创造，正如路是设计者和建设者的创造而不是行路者的创造一样。

限于当下的教育环境，很多时候学生只能做该做的事情，而无法做感兴趣的事情，但是这并不妨碍在思想深处留存一个有兴趣、有激情的爱好，可以利用一切机会和闲暇时间，去收集信息，去思考琢磨，去尝试解决问题。即使今天什么也做不了，将来总是有机会去创造一番事业的。尊重自己的兴趣，从事自己有激情的事业，这是成就大业的关键所在。

不要对创新过于迷信。其实，创新就是比别人多走一步、早走一步、再走一步而已。对于一个结论、一道习题，可以想一想，是否可以改进，是否可以推广，是否还有更简单的方法。对于做事，想一想能否有更好的方式。反思、对比、归纳、演绎，锻炼创造力的机会无处不在，就看你是否能抓住。

关键词五：品格与境界

美国著名管理大师史蒂芬·柯维有一句名言："思想决定行为，行为渐成习惯，习惯塑造品格，品格决定命运。"这说明命运掌握在自己手中，谁也无法改变，只有自己能改变自己。学校和老师也不能塑造你，只有你自己能塑造自己。学校所能做的，就是为学生改变自己、塑造一个全新的自我创造条件，提供平台。

作为一个未来的领袖，高尚的情操、良好的品格是不可或缺的，是具有崇高境界、宽阔视野的前提和基础。高尚品格的内涵极其丰富，真诚、善于学习、善于反思、学会尊重、具有社会责任感、付出而不要求回报、善于控制自己的情绪、能够自律等，都是很重要的。

关键词六：领导力

现在才提到领导力的问题，并不是说领导力不重要，而是因为，领导力不是一种技巧和方法，而是一种修为和境界，更多地靠感悟。一个人的修养和能力达到一定水准，领导力就无师自通了。

领导力是一个很学术化的提法。我想领导力至少包括：影响力、凝聚力、号召力。而要具备这些能力，至少要处理好以下三个关系。

一是处理好与自己的关系。要思考和认识生命的意义和价值，理解生命的责任和使命。从某种意义上讲，我们的生命不是我们自己的，是人类的，是世界的。我们必须尊重自己、肯定自己、接纳自己，平衡好积极进取与自我控制的关系，有选择地追求卓越，培养一种做有意义的事情，并把有意义的事情坚持到底的良好习惯。

二是处理好与同伴的关系。一定要善于接纳和容忍别人，要像维护自己的尊严一样维护同伴的尊严。只有你首先能接纳别人，别人才能接纳你，只有你能接纳所有的同伴，所有的同伴才会接纳你，你才有可能成为"凝聚核"。

三是处理好与上下级的关系。好的做法就是尊重与平等交流，不傲慢，也不过于谦卑。一定要敢于和善于表达自己的思想和观点，一定要锻炼自己的表达能力，包括书面的和口头的，要有一定的演讲才能。美国总统奥巴马就是一个典型的例子。

关键词七：行动

我们不仅要有远大的追求，更要有脚踏实地的作风；不但要学会规划自己的未来，而且要学会规划当下的生活和学习，规划利用好宝贵的时间，让善于规划和能够落实规划变成良好的习惯，成为一种美好的品格。

要不断找出自己的坏习惯和坏毛病，然后一个一个去克服，锻炼自己的坚韧性格，练就自我塑造的能力。

要努力寻找机会，多接触人，多接触社会，敢于尝试新想法，做个有胆识、有勇气的人，做个有冒险精神和进取心的人。比如，从今天开始，把理想和追求勇敢地告诉你的朋友和父母，把你的决心和信心告诉自己，然后付诸行动。没有行动，一切规划和理想等于零。

我想用梁启超先生的一句话作为结语："进取冒险精神，人有之则生，无之则死，国有之则存，无之则亡。"

■ 链接

清华附中学生领袖训练营

清华附中学生领袖训练营以培养勇于承担社会责任、具有国际视野、追求卓越的领袖人才为出发点，力图通过一学年的系列课程和活动，培养学生的公民意识、创新精神和领袖气质，使学生在责任意识、综合能力和多元文化视野方面得到全面提升。

清华附中学生领袖训练营由校长王殿军担任营长，清华附中德育处、教务处负责领袖营的课程实施，课程教师团队则由校内教师和校外专家组成。课程类型包括专家讲座、课外活动、读书和小型讨论、研究项目设计等。具体而言，邀请社会各界精英和专家进行演讲，给学生创造开阔视野和提升交流的机会；课外拓展活动开阔学生视野并让学生在行动中感悟和成长；系列读书推荐和交流活动以多种方式营造读书的氛围，提高学生的人文、科学等综合素养；活动方案设计或某个研究项目的设计通常安排在结业前进行，作为课程作业 6 月中旬提交。

清华附中学生领袖训练营每期选拔学员 30 名左右。从 2009 年至今，已经举办十余期。

拔尖创新人才培养应更关注过程

一次，我去参加北京的一所知名中学举办的"拔尖创新人才培养成果"展示会。这个展示会给我留下了很深的印象，学生展示出来的能力和素质都让人十分惊喜。

但是，我发现，与会者对培养所取得的一些成果表现得过于兴奋。我认为，恰恰是这一点，使我们偏离了拔尖创新人才培养的正确道路。

在中学阶段应该进行拔尖创新人才培养，但是我认为，中学教学只是起到奠基的作用，在这一阶段，我们的任务是发现学生的一些潜质，然后培养他们能够进一步发展这些潜质的基本素质和能力。中学阶段的任务，绝对不是让学生在这短短几年的时间里就有多么大的发明创造，产生什么巨大的成果。当然，如果真有，我们也会非常高兴，说明这些孩子特别优秀。但是我们绝对不能把取得这种有显示度的成果作为追求的目标，更不能将其作为评价培养是否成功的标准。否则，将会导致我们在中学阶段对人才的培养偏离正确的轨道，将会使我们的教育变成追求功利化的教育，这对拔尖创新人才成长是非常不利的。

大家一提到某个项目或者某个学校，总是要拿几个孩子取得了什么成绩、发表了什么文章、得了什么奖项或者申请了什么专利来说事，却忽略了大部分没取得成果的孩子。其实，那些孩子虽然没有取得成果，但也通过学校设计的各类课程得到了全面的培养和发展。在拔尖创新人才培养的很多项目中，学生们都走进了实验室，甚至接受了专家的指导，经过几年的发展，在这个过程中，他们也显露出了才华和潜力。这种发展有时候不是能够拿出来展示得清清楚楚的，但是，我们可以让带他的导师或者他的项目伙伴，对他在一些项目中所贡献出来的思想、所展示出来的独到见解等进行评价。这样的评价更加可贵，但是目前我们很少也很难听到。我更希望听到学生们谈谈自己的感受——他们在参与研究的过程中所取得的收获，他们处理问题的方式方法和某些素质的提高，但，这也很难听到。

拔尖创新人才的培养往往基于项目，在项目进行的过程中，学生们合作、相互启迪所带来的共同成长没有得到重视，仅仅对那种有显示度的成果显得过于兴奋，势必导致学生和他的导师都在培养过程中把能否在未来（结束的时候）获得一个比较光鲜的成果作为追求与目标。只追求最终的成果，从某种意义上说，会导致我们的功利化教育、应试教育的思想和模式在拔尖创新人才培养领域兴风作浪。

拔尖创新人才培养，过去的主要问题是重理念轻实践，也就是说，讲了一大堆的理念，而真正引导学生们踏踏实实完成一个具体项目之类的实践性的环节较少。现在我们面临的问题是重成果轻过程，把成果看得很重，对过程却不重视。实际上有些项目是不是有成果并不重要，因为在完成这个项目的过程中已经达到了锻炼学生的目的。以跑步为例，我们要跑一万米，已经跑了九千米，跑得非常好，因为小意外，没有跑到终点，但是跑这九千米已经达到了锻炼身体的目的，已经非常出色了，有没有跑到终点、有没有取得冠军已经不重要了，我们的目的是在跑步的过程中锻炼身体、磨炼意志。

中学阶段拔尖创新人才培养重结果、轻过程，背离了培养的基本规律。应该反过来，更注重过程，因为过程是培养能力的，过程是提高素质的，过程要比结果重要得多。

提升学生科学素养的关键何在

　　科学教育不仅承担着提高全民科学素质的任务，更肩负着为培养未来科学家全面奠基的责任。但就目前中国的科学教育体系而言，这两方面的工作都有待完善。无论是对科学教育的认识与定位，科学教育的体系、内容和方法，还是科学教育的现状与结果都不能令人满意。中国的科学教育需要进行全面而深入的改革。

　　为解决未来全民科学素养整体水平提升的问题，基础教育阶段的科学教育应该面向所有学生。学校可以通过丰富多彩的科学教育内容和形式，为学生提供从课内到课外、从校内到校外、从书本到实验、从学习到研究的广阔平台和资源，充分发现和培养有科学天赋和潜力的学生。同时，学校应该探索正确的科学人才培养方式，让学生在宽松的环境里，自由而健康地成长，全面培养其科学素养。

　　科学素养究竟是指什么呢？一些专家和机构，比如 J·D·米勒、J·杜兰特、经济合作与发展组织（OECD）的国际学生评估项目（PISA），以及我国制定的《全民科学素养行动计划纲要》，都对科学素养的维度进行了较为详细阐释和说明。综合来看，我认为培养学生的科学素养应该围绕科学知识、科学能力和科学态度这三个维度进行。科学知识，既包括自然科学知识，也包括社会科学知识；科学能力，应强调培养学生的识别科学原理、运用科学方法、开展科学探究、运用技术设计等能力；科学态度，应强调培养学生对科学拥有持续的兴趣和内在发展动力等。

然而，我国中学科学教育的现状令人十分担忧。大多数学校都是进行分科教学，比如分成物理、化学、生物、通用技术与信息技术等学科，然后鼓励单科的学科竞赛。这样的做法过分地强调了分科教学，以及书本知识的系统性、难度和深度，缺少了培养学生创造性的跨学科学习体验，比如 STEM 课程、PBL（项目式学习）等。中学是迈向大学的重要阶段，应该在培养学生理解学科核心概念的同时，积极为他们提供跨学科学习体验、科学研究和探究的机会，以及加深他们对科学大概念的认知。

在《科学教育的原则和大概念》一书中，作者温·哈伦提出了围绕核心概念进行探究式的科学教育，明确了科学教育的 10 项原则和 14 个科学大概念。《以大概念理念进行科学教育》一书，则再次强调围绕核心概念进行探究式科学教育，保持了科学教育的 10 项原则和 14 个科学大概念，并提出课程内容、教学法、评测应该是一个统一的整体。14 个大概念归类的话，可以分为物理科学领域、生命科学领域、地球与空间科学领域、技术工程与社会科学领域以及哲学领域。中学科学教育阶段应该围绕这几大领域的核心概念展开教学。

在教学模式上，我们应该从传统教育模式转向更加现代的 STEM 跨学科教育模式。根据布鲁姆的教育目标分类来看，传统的教学模式强调记忆、理解，然后是应用、分析，最后才会涉及评价和创造。课堂 80% 的时间都用在了记忆和理解方面，课后的活动也仅仅能实现"分析"这一教学目标。然而在采用 STEM 教学模式的课堂中，则完全相反。STEM 课堂 100% 的时间都在强调和培养学生的分析、评价与创造能力。

我国一些重点中学，例如清华附中在科学教育领域一直积极进行着有意义的探索。学校为学生提供了丰富的课程，包括活动类课程、拓展类课程和研究类课程。活动类课程面向全体学生，力求通过活动类科学课程激发学生的研究兴趣、培养学生的科学素养；拓展类课程面向有研究兴趣、好奇心的学生；研究类课程面向有研究兴趣且有研究潜力的学生，该类课程旨在通过项目设计研究等提高学生的研究能力。除了为学生提供丰富的课程外，学校还努力为学生搭建校内、校外和国外的学习与展示平台，并充分结合自身的硬件条件，为学生开创了一系列课程。此外，学校还致力于为学生搭建创新的社团平台。除了培养有科学研究能力的人才，同时把所有对科学技术感兴趣的学生都纳入科技教育的范畴，通过科技讲座、科技社团和科学考察活动来激发学生的科学兴趣，提高学生发现和解决科学问题的能力。

我认为，真正做好科学教育，必须做到：为学生提供内容丰富、有层次的课程和活动；全面评价、全科开考、引入 GPA（Grade Point Average，平均成绩点数）；在科学评价的基础上，改变选拔升学方式；让所有时间成为学生有意义的学习时间。

优秀足球人才从何而来

2019 年阿联酋亚洲杯后，新华社一篇题为《十年频换帅　国足当长考》的文章指出，中国足球将告别一个时代，将面临"换帅"+"换血"的双重难题。

寻找解决问题的出路，有很多种逻辑方法，也有很多种技术手段，而最有效和最彻底的，是从源头上认清问题的根本，解决足球人才从哪里来的问题。

培养足球苗子不能"偏食"

仔细分析当下国足面临的双重难题，以及历史上碰到的所有问题，说到底是"人"的问题。换"帅"，是换教练员、换教师；换"血"，是换球员、换学生。而教师和学生的问题，归根到底就是培养的问题，就是苗子的问题。于是，大家都意识到中国足球应该从娃娃抓起。娃娃在哪里？当然在学校里。因此，才有了对校园足球的重视，全国从中央到地方，从大学到小学，迅速掀起校园足球热。

发展校园足球的大方向是没有错的。在大力发展校园足球的前提下，要思考和解决几个至关重要的问题：如何搞才符合足球运动发展的规律、符合足球人才成长的规律？如何搞才能做到普及与提高有机结合，才能真正实现校校有足球、人人爱踢球？如何搞才能发现有天赋的足球苗子并使他们得到最科学、最专业的训练，未来有机会成为高水平的足球运动员？

伟大的运动员或伟大的球队，首先他们都是非常优秀的人，他们都有着强于常人的意志品质、文化积淀、心理素质，以及独特且出众的专项运动才能。中国足球的出路在学校里，这里所说的学校不是指现行体制下的"业余体校"，而是每一所普通的学校，它们的学生中将有人走向中国足球的明天。

目前，"业余体校"为我国培养了大量体育人才，但也应该看到，它们培养的孩子太过"偏食"，过度注重运动能力本身的训练和提升，而忽视了运动员作为一个人在人文素养、体育品德、社会能力等方面的全面发展。"业余体校"更重视的是体育技能的培养，甚至把运动水平和比赛成绩作为唯一的培养目标，成了竞技体育人才培养上的"应试教育"。在这种培养模式下，在个人技能发挥起决定性作用的比赛项目上也许可以取得令人瞩目的成绩，但是像足球这样特别强调团队合作、意志品质，需要极高智慧、瞬间做出判断的体育项目，如果只追求竞技能力，难以培养出真正的人才，或者难以可持续地培养出优秀的球队，足球就是最典型的例子。

"偏食"所导致的营养不良、"业余体校"所忽视的学生综合素养，恰恰是专业运动员缺乏后劲、无法可持续发展的重要原因。在普通学校里构建起足球人才选拔、培养和发展的新体系，将是追求足球强国梦想的起点。我们别无选择，这是世界足球强国经验之所在。

在球场、比赛和社团中发现苗子

"立德树人"是学校教育的根本任务，普通学校在落实好这项根本任务的同时，完成"选拔"和"培养"两大环节，为半职业化和职业化的足球人才奠定良好和深厚的基础，才是真正实现足球强国梦想的开端。

在选拔环节，如何发现有天赋的足球苗子？

第一，要到球场上发现好苗子。这就要求学校营造良好的校园足球氛围，有足够的时间和空间让孩子们从小就能在球场上快乐驰骋，让想踢球的孩子能踢球、爱踢球，让他们有机会认识自己：是否真的热爱足球？是否有这方面的天赋？没有一片快乐的草坪，哪来美丽的足球强国梦？！

第二，要在校园里各层次比赛中发现好苗子。要建立成体系的班级、年级、学部、学校各层次联赛制度，建立科学合理、公平公正的选拔晋升机制，让学生从小学一年级开始就"有球踢、有比赛打"，一以贯之，直到初中、高中。要让学生在比赛中增强运动能力、提升体育品德、加强团队意识，让足球场上的明星从学生们的欢呼声中脱颖而出。

第三，要在学校足球社团中发现好苗子。课后是校园中最美好的时光，因为这时学生们可以尽情地去做自己最想做的事情。学校鼓励喜欢足球的孩子们自己组织足球社团，相互切磋足球技法，一起观看评论经典的比赛，一同挥汗在球场上进攻防守。在社团中，每个人尽显最美好的天赋，在与同伴们的比拼中发现足球的魅力，也发现自己的长处。

"千里马常有，而伯乐不常有"，因此，需要有经验丰富且独具慧眼的教师、教练员去发现好苗子。所谓经验丰富，就是要求教练员不仅专业运动能力过硬、技战术水平高超，还要拥有各类比赛的实战经验，有过赛场拼杀以及最后赢得胜利的体验。因为，一个从来没有达到高竞技水平、赢过重要比赛的教练员，很难教出一支心怀胜利的队伍。所谓独具慧眼，就是要求教师、教练员能够沉下心来，关注每一个学生的特点和潜力，善于因材施教，懂得从运动能力、心理能力、智力水平、道德品质、精神风貌等全面发展和可持续发展的角度考查和培养一个好苗子。

采取金字塔式的足球人才培养模式

　　培养人才是学校最擅长的事情，也是学校的本职工作。培养好的足球苗子，需要高水平的足球教练员、专业的训练课程、科学的培养模式、多元的评价机制、先进的训练设施和球场等。

　　发现和培养足球苗子都需要好的教师和教练员，但现实的问题是普通学校的体育教师很难达到专业教练员的水平，于是，怎么培养教练员就成为一个难题。国际一流的教练员不能让中国国足变为一流的球队，但不意味着带不出一批优秀的足球教练员。众多学校的成功经验证明，在师资和硬件基本齐备的情况下，在学校师生的持久努力下，是可以探索出一套成功的培养模式，在普通学校的足球教育上大有作为的。

　　校园里的足球教育仍旧局限在一个特定的空间，半职业化和职业化的足球发展之路将是校园足球教育的衔接通道。以社区为基本单位，建立区级、市级、省级等一系列面向青少年、非营利性的足球或体育运动俱乐部，把那些有天赋且有一定水平的足球苗子吸纳进俱乐部培养，是学校足球人才发现和培养的重要补充，也是优秀的足球苗子走向半职业化发展的一个有效通道。通过俱乐部的专业选拔、培养，聚集起一定区域内最优秀的足球苗子，聘请国际水平的职业教练员团队执教，利用课余、周末、节假日，组织更加专业化的高水平训练，参加本地区乃至国内和国际的高水平交流比赛，可以为俱乐部里的小球员提供更高、更广阔的成长平台，打通从校园足球到职业化足球的人才发现、培养、输送的通道。

　　国内外的职业球队将会在这些专业俱乐部中发现和挑选能力素质全面发展的小球员，以市场化的商业运作模式回馈俱乐部，从而保证俱乐部的正常运行，保证足球半职业化到职业化发展的渠道畅通有效，良性循环。这样的合作模式和衔接机制是符合我国目前足球事业发展状况的，也得到了广泛的国际经验的验证，最终会成为中国足球发展新体系的重要组成部分。

当一项事业的发展开始符合本身的发展规律、符合国情、符合国际经验并被大家普遍认可时，那么经过持久的努力，就可能取得成功。普通校园里的足球教育（有全面发展的优秀学生群体作为广泛基础）＋半职业化俱乐部（有运动能力强、品学兼优、潜力大的学员作为职业化发展的储备力量）＋职业化球队发展，这种金字塔形的足球人才培养和发展新体系，将是中国足球发展新的战略规划，将是引领中国足球冲出亚洲走向世界的必经之路，将是引领中国最终实现足球强国梦想的时代选择。

■ 链接

清华附中的足球教育

以清华大学著名教授马约翰先生命名的、由清华大学与清华附中合作创建的"马约翰体育特长班"，至今已有30多年历史。"马约翰体育特长班"原有篮球、田径、射击三个项目，现在又增加了足球项目。

清华附中足球队由清华大学附属中学创立、清华附中"马约翰体育特长班"管理，共分为三支队伍：高中男子足球队、初中男子足球队和U9—U10中国足球小将足球队。对足球人才拟定进行十二年一贯制培养，从小学开始进行足球运动员的教体结合探索。

学校在足球运动员培养方面，不仅注重足球技战术能力的培养，还注重学生道德品质、文化素质和综合能力三方面的系统培养，让学生能够在踢球的同时，不缺失文化素养。足球队队员与其他同学一样完成学业，每天在接受完整的文化课学习后进行专业训练。学校还在低龄化青少年足球运动员培养方面进行了尝试，与乐播足球公司进行了青少年球员的低龄化培养模式探索，对8～9岁低龄球员提前实行综合文化培养和专业足球训练相结合，选拔优秀运动员进行训练，同时参加高水平的竞技比赛，培养新时代的优秀足球运动员。

清华附中足球队成立以来，获得了北京市海淀区"三大球"足球联赛冠军、2017—2018 年北京市中小学足球联赛初中乙组冠军、广州恒大足球学校"恒大杯"足球邀请赛第五名等优秀成绩。

学校通过建立普通生校队、组建足球社团、开展校园足球嘉年华和足球知识竞赛、举办全校各年级联赛、组织班级联赛、培训学生裁判员、成立足球宝贝啦啦队等活动，增强学生体质，培养学生团结、合作、坚强、友爱的高尚情操，建立起了校园足球文化，充分调动起学生参与足球活动的积极性。

记录促成长，功夫在"评"外

——从过程行为看综合素质评价

人才培养和选拔工作是一个复杂的系统，但是当前的高校，包括顶尖的大学，仅仅依靠高考分数的高低，从第一名开始按顺序进行招生录取。这不是一种科学的方式。

高考招生的重要性不言自明，如果用这样简单"省事"的方式处理，必将带来长期的负面影响。倘若我们能够对一个人的综合素质进行科学分析、全面评价，并以此作为招生和录取工作的重要依据，那么高等教育选拔人才的方式就会更加严谨、更加科学，也能引导基础教育更加健康地发展。

那么，该如何对一个人的素质或曰素养进行科学分析、全面评价呢？这是一个世界性的难题。在目前的教育过程中，无论是学生培养目标、培养过程还是目标的达成情况，都难以描述、难以考量、难以评价。

2014 年，教育部发布了一系列关于中高考改革的重要文件，其中最重要的改革是将来高校、高中招生要参考学生的综合素质评价结果，依据综合素质评价结果和考试分数进行综合录取。

改革方案中提到了学生综合素质应该包括的五个方面：思想品德、学业水平、身心健康、艺术素养、社会实践。在实际操作中，这五个方面细化成二级指标乃至三级指标之后，依然难以描述、观察、评判和量化。于是，许多地方和学校执行时，就会变成一种主观评价。例如有些学校通过举手表决来给一名学生综合素质的高低做评判，但评价结束后，学生很难理解他得分高或低的原因。这样的评价结果，既无法显示学生的特点，也无法体现学生的全面素养，在高校招生时无法参考使用。由此可以得出结论：自上而下制定的评价思路很难进行细化、分解、描述、观察、测量和评价，无法落地。

基于这样的情况，清华附中结合自己的教育实践，提出了全新的综合素质评价思路，在开展学生综合素质评价工作中，对评价方式进行系统设计，并自主开发出一套完整的学生综合素质评价系统。该系统采用由下而上、在中间有效衔接的方式，通过真实的过程行为记录来判断学生综合素质发展情况。这样的创新设计，在解决高招需要综合素质评价结果的同时，也为学生发展核心素养落地找到了有效的途径。

以活动中的"行为"评价学生"素养"

综合素质评价的理念是把学生活动和活动表现记录下来，综合进行素养推断，用行为代替量表或问卷调查进行评价，确保过程性、客观性和权威性。

在教育中，有两种类型的活动：一种是学校统一安排的共识性活动，虽然每位学生都参加，但具体表现有差异，于是教师就能够记录学生的不同表现；另一种是特色性活动，是学生在课余时间自主参加的活动，通过这些活动，学生某一方面的素养能够有所提高。综合素质评价体系应努力把共性和个性的活动都纳入其中，更全面地分析学生发展。

但教育过程中的活动有重要的，也有琐碎的。综合素质评价要记录的，是对学生成长有重大影响的活动和事件。与此同时，要注意选择学生能够完成的活动，不要过度追求高层次，造成学生能力与活动不匹配。另外，要选择学校组织学生和鼓励学生做的事情，选取那些对于发展学生综合素养有帮助的活动。

这些活动应分门别类由学生和教师共同完成记录，同时综合素质评价要着重考虑高影响力人物在其中的作用。正如国外很重视导师对学生的评价一样，每个人在一生当中，都会遇到一些对自己影响很大的人，这些人的评价就更具分量。清华附中在实践中，结合具体情况和需求，适当增加了老师、家长、同伴的主观性评价功能。

在评价时，还需特别强调三点：

1. 我们要评价的是教育能够发展起来的素养。一些因为遗传因素造成的身体素质，诸如身高，并不能作为衡量学生能否上重点大学的条件，因此教育不能发展的素养，不应该作为重点观察和评价的内容。

2. 评价的素养应能够通过学生的行为来体现。如果一种素养永远不能以行为体现，也就无法进行评价。

3. 要通过行为记录、过程累积和发展变化来进行评价。每个人的起点有高低，我们要看到经过学习，学生的变化和成长，以此观察一个人的努力过程。用"绝对"结合"变化"来分析、理解一个人，才会更科学合理。

通过这种架构建立起来的评价系统，能够直接地检验教育的科学性和有效性，还能为改进教育过程提供反馈信息。通过数据能直观看到学生发展是否全面，若在教育过程中出现问题，学校和老师能够及时发现并进行干预。

教育最大的风险和挑战在于所有过程都不能重来，综合素质评价能够对学生进行阶段性评价，这对于学校改进教育教学、改善学生发展具有重要意义。

当综合素质评价的功能更加完善后，教委、教育局乃至教育部的领导可以坐在办公室看到各个学生的综合素质评价报告，以此检查学校是不是只重视学业成绩，甚至看到某个省份是不是只做应试教育。这也是引导和激励学生提高综合素质的过程。

"功过格"与综合素质评价跨越千年殊途同归

清华附中的综合素质评价系统建立完成后，我们寻找了诸多理论依据，来检验这套系统是否符合教育规律。在这一过程中，我们发现一千多年前中国就有"功过格"，其中一些思想竟与综合素质评价体系不谋而合。

古代的老百姓或者官员，会把所作所为分门别类记录下来，行为对应着不同等级的功过之分，以这样的方式对人进行评价。

"功过格"中甚至还存在着"动态量化"的影子，按照不同的社会阶层有不同的评价标准，根据当时的社会风气，对重要的内容，加大其分数权重。这说明当时的评价就能够做到因人而异，体现了非常高的智慧。

一些专家认为，中国由于诚信的缺失，很难开展综合素质评价。但是如果我们永远做不出评价，中高考改革将是无稽之谈，应试教育会成为无法摆脱的泥沼。

如何解决这个问题？新加坡的做法值得借鉴。在新加坡，弄虚作假将会付出惨重的代价，"一票否决"让人们不敢以身试法。所以，当惩罚远远大于潜在的利益时，学生和家长就会选择诚实。

清华附中的综合素质评价系统与微信的朋友圈有些类似，记录提交之后会在设定范围内进行公示。每个人都能以此判断记录的真假以及是否客观，如有异议，可以质疑，引发审查程序。若经过专人调查、复议，证实是弄虚作假的行为，该学生的表现就会被记录到不诚信模块，高校在招生时可以看到。如果是被无端恶意质疑，那么会把无端恶意质疑者的行为记录到不诚信模块之中，同样也会在质疑者最终的综合评价报告中予以显示，高校招生人员也可以看见。这样做的目的，就是希望通过科学的设计，在确保诚信的同时，也进行诚信品格和诚信习惯的培养，从而促进中国社会诚信体系的逐步建立。

以动态的"电子日记"追踪人才培养和发展

目前清华附中的综合素质评价体系设有 9 大模块、46 个维度，无论是模块、维度数量还是赋分，都能够进行重新设定。这意味着，如果能够认清综合素质评价的思路体系，系统就可以应用在各个学段，可以根据不同使用者，因地制宜开展评价，切实指导教育教学。

要注意的是，模块与维度的设定要确保高校或者高中对内容感兴趣，调整相关内容需要经过反复研究和确认。因为综合素质评价的真正功能是为学生发展、学校发展服务的。

不仅评价标准应动态量化，高校招生时也应灵活使用综合素质评价，生成自己所需要的报告。因为每一所学校需要的生源不同，招收标准也不一样。例如，如果一些高校认为"迟到早退"可以不作为招生标准，那么他们在选择生成评价报告的时候，就可以忽略相关维度的评价。

如何评价学生的综合素质，这是一个世界性的难题。此前，清华附中的综合素质评价系统已经得到了许多教育专家、教育部相关部门和很多大学中学的认可。未来，我希望系统继续完善，可以从孩子上小学起直至大学一直使用下去，起到"电子日记"的作用，记录成长经历和发展路径。这对于选拔人才、研究人才培养规律都是极为有益的，也可以为长期追踪优秀人才的培养发展奠定基础。

■ 链接

清华附中的学生综合素质评价系统

清华附中学生综合素质评价系统历经八年研究而成。这套系统已经在清华附中各个分校中进行了多年的实践检验，并在北京、贵州、陕西等多个省份全面推广使用。该系统不仅很好地解决了核心素养校本化的问题，也有力回应了教育部中高考改革方案提出的"未来高校、高中招生一定要参考综合素质评价结果",是全国范围内学生综合素质评价方式的突破创新。

该系统结合学生成长发展的全部记录,采用聚类分析的方法对学生综合素质进行客观而公平的评价。系统分为9个模块46个维度,全面、客观记录学生发展过程与水平,以实时公示与严谨的申诉、复议和仲裁机制保证记录的真实可靠。该系统具有动态量化功能,可以同时发挥指导发展和评价选拔的作用。在近几年的使用中,该系统在改善课堂教学效果,提高教学管理水平,引导示范、激励促进学校德育管理,推动家校实时全方位沟通等方面发挥了突出作用。

提供适于创新人才成长的土壤，静待花开

记得 2015 年清华附中百年校庆之际，有一位毕业很多年的学生回母校时感叹道："中学时代总是美好的，而它的美好是会随着个人境遇的变迁而不断散发出新的光辉的。当收到大学录取通知书的时候，它的美好在于曾赋予我们足够多的知识，帮助我们走进理想的学校；当刚刚跨入大学校园时，它的美好在于满足我们在众多新生中因毕业于名校而引人艳羡的些许虚荣心；而当我们真正开始大学的学习、而后进入工作岗位时，我们才慢慢地体会到，它的美好并不限于对我们知识储备的贡献，以及所谓名校毕业带来的光环，更重要的是，在我们吸收知识最快速的年龄，为我们提供了最为丰富的课内外资源和最会循循善诱的教师，让我们在一种被鼓励的环境中自由地寻找适合自己学习的领域，不断总结最适合自己的学习方法……"这种在视野、心理和学习技能方面的学习体验，一直会伴随学生的成长，让他们受益终生。而这种学习体验，也正是清华大学附属中学始终追求的教育理念。

培养创新人才是当今教育的一大使命，中学教育自当努力成为创新人才成长的土壤。这片土壤具备了一切让种子发芽的要素，但不强求每一粒种子一定成长为参天大树，成为一株带有春意的小草也会创造出别样的风景。具

体来说，适宜创新人才成长的土壤需要具备以下特征。

第一，要丰富而多元，能为种子的成长提供真正的营养，让学校教育成为满足学生个性发展需要的活动平台。这里既要有严谨的教学活动，更要有生动的实践机会，使学生在其中发现自己的兴趣点，不断吸收和释放自己的能量。学校在为学生选择这些课内外资源时应该时刻谨记：学习本身不应该仅是为了适应外界的行为，也应该是为了丰富自己内心的活动。因此，在这片土壤中，学校要尊重学生的自然发展，积极培养其自由的内心、独立的人格和独立的思考能力，而不能刻意强求他们一味地创新，更不应该将成人世界中的功利目标强加给学生，进而野蛮地剥夺他们的自然成长过程。

第二，要厚重而有层次，能为种子的成长提供足够的营养。若想让学生成长起来，作为土壤一部分的教师需要更加训练有素。思维单一、刻板无趣的教师自然无法教出有血有肉、有思维有主见的学生。爱学生是一个有专业素养教师的必备品质，他能在自己力所能及范围内引导学生健康成长，同时也能为有更高能力和更高需求的学生创造条件，将他们送到学校周围的科研院所，让他们跟随大师的脚步、接受大师的影响，进而更好地开发其潜能。

爱因斯坦曾说过，教育就是当一个人把在学校所学全部忘光之后剩下的东西。知识的积累固然重要，但是在培养创新人才的道路上，我们更看重的是学生在实践中积累的经验和自我不断提高的过程。创新，不是教出来的。创新是学生通过实践，不断总结、反思，进而取得进步，待一切水到渠成后必然发生的结果。因此，培养创新人才的教育，应该是一个充分尊重学生自然发展，为其进步提供各种资源，并且不断引导与鼓励其实践的过程。当我们能做到以上几点后，对于学生来说，创新就会自然而然地发生；对于教育来说，创新人才也就如此这般地产生。一切教育想要达到的目的，都可以在回归教育的本质以及充分尊重学生的自然成长过程后，自然而然地达到。

总之，我们应该营造自由宽松的环境，保护好学生的好奇心、想象力和兴趣，让他们自然生长。

"强基计划"：夯实中国发展的人才根基

2020 年春夏之交，在全国上下万众一心防疫抗疫之际，清华大学、北京大学、北京师范大学等高校"强基计划"方案陆续发布，令人为之一振。"强基计划"破土而出，恰似一场及时雨，必将对基础学科研究和学科基础研究高精尖人才的选拔培养产生深远影响。

"强基计划"的重要意义：为国选材育才

推出"强基计划"，是切合中国发展的实际、更好地应对即将到来的更加激烈的国际竞争的需要。党的十九大清晰地描绘出全面建成社会主义现代化强国的时间表、路线图。"两个一百年"中的第一个百年即将到来，我们将要实现"全面建成小康社会的奋斗目标"。在奔向第二个百年目标的路上，我们要清晰地看到中国发展面临的外部的压力，各种黑天鹅或者灰犀牛事件给我们带来很多难以预料的影响，甚至正在产生不利影响。在有些领域，我们受到国外原创性技术的制约，高新技术发展在某种程度上受制于人。我们缺少研究基础学科和学科基础的高精尖人才，从长远来讲制约着国家的整体发展。

"强基计划"就是要补短板，抓急需，降危险。有人说"强基计划"是"远水解不了近渴"，但是如果现在我们还不着力培养基础学科的高端人才，那么在实现第二个百年目标的路上，我们遇到的危机可能会比今天更加严重。"强基计划"里写得很清楚，要在那些原创性的、"卡脖子"的关键领域招收和培养人才。我们现在意识到了问题所在，从原始创新的人才培养抓起，改革人才培养体系，为时未晚。

只有成片的森林才能改变气候。中国需要的在基础研究领域有世界竞争力的人才，不是一个两个，而是"一批"。综合考虑高考体制、教育公平及特殊人才选拔机制、社会大众的接受度等因素，教育部首批选了36所重点高校参加，让他们"八仙过海，各显神通"，实施"强基计划"。

强基计划的"基"，我想应该至少有这样三个含义。

首先，指的是社会主义现代化强国之基。中国之基的核心是国家的综合国力。能够在众多领域处于国际领先水平，这是国家竞争力的根基所在。而现在我们的许多科技成果、应用成果，都是踩在人家的基础研究成果之上、从应用层面做文章，没有自己的根基或者说根基不稳。"强基计划"就是要夯实中国科技发展的根基，特别是冲破西方技术封锁线，掌握核心技术。比如，我们高新技术产业的很多领域产品和技术都依赖进口，根基不稳；在文化建设方面，还存在"忘本"的风险，在借鉴学习西方的思想理论的同时把中国自己的东西丢了。"强基计划"里专门提到培养"古文字学"方面的人才，其实就是在强调中国文脉的传承，就是在强调文理融合对于拔尖人才培养的重要性。我们要在发展的同时，传承好中华优秀传统文化，维护好中国之基。

其次，指的是基础学科和学科基础之基。基础学科看起来不能直接应用，但它是比工程类、技术类学科更基础、更原始的东西。基础学科研究成果往往是本质性的、原理性的、规律性的东西，揭示一些别人揭示不了的、解释不了的现象，发现一些别人未曾发现的规律。基础学科是许多高科技领域研究和发展的基石，许多高科技领域的突破性进展，都是基础学科研究领域创新成果的直接应用。

基础学科是最容易出原创性、原理性成果的，但是需要长时间的投入和持之以恒的研究积淀，而我们国家这些年来，由于经济社会发展快，大众注意力集中在工程类、技术类等出成果相对比较快的领域，而需要多年研究才有可能出成果的基础学科领域的研究相对而言受关注程度不高。科研评价体系也往往更注重成果的数量，急功近利的倾向导致现在基础研究的水平较低，人才严重缺失。另外，在一些学科领域也有基础研究和应用研究之分，我们同样存在重视应用研究和研究成果转化利用而轻视基础研究的问题，这些领域的研究人员往往更多投身到了应用研究和开发方面。

再次，指的是基础研究人才之基。未来国家之间的竞争，关键是人才的竞争。"强基计划"就是要选拔一批有志向、有志趣、有天赋的优秀人才，经过若干年的培养使他们能够承担起服务国家重大战略需求，满足基础研究的需要。只有这样的人才才能撑起基础研究的"蓝天"，才能使我国的基础研究迎头赶上。基础研究是一个漫长的过程，如果寄希望于这批学生在研究生毕业的时候就做出什么惊天动地的成果，我们又陷入了一个急功近利的怪圈。有一句话叫"但行好事，莫问前程"。对于被选入"强基计划"的学生，要用心培养，坚持数年必有成果，不要指望在这个计划结束之后，马上会出现一批领军人才，其成效的显现需要一个过程，"强基计划"应该带来持续的力量，而不是短暂的昙花一现。"强基计划"主要是为这些未来的人才苗子奠定深厚广博的发展基础。

综合来看，"强基计划"是中国处在特殊的发展时期、结合国情制定的一个贯穿招生和培养全过程的整体的人才培养新体系。

"强基计划"的最大优势：招生和培养紧密结合

"强基计划"第一次把招生和培养两个环节贯通，使人才"从哪里来、到哪里去"有一条清晰的路径。以前的自主招生，对招进来的学生和其他学生采用相同的培养方式。而"强基计划"不仅重视招生环节，更重视培养环节，首次把这两个环节贯通起来，让通过"强基计划"进入高校的学生，不仅知道自己从哪里来，更清楚地知道自己要往哪里去。他们是朝着做基础研究来的，就要让他们看到前沿，对前沿充满渴望，充满激情，然后再用一生的精力冲到最前头，成为这个领域的领跑者。

"强基计划"在招生环节，除了参考高考成绩之外，还引入了15%的多维度评价，并且采用"破格"录取的办法，给那些偏才、怪才们脱颖而出的机会。这15%的多维度评价和"破格"录取的招生办法，能让高中学校逐渐调整自己的学生培养模式。人无完人，用人要用其所长，科学的人才选拔培养机制，应该给偏才、怪才提供成长空间。我认识的好几个院士就没有上过中学，直接考上研究生，而且考的分数很高。这种人才不是我们传统的评价选拔体系里能够选出来的人才，我们应该关注这些人才。"强基计划"特别强调"多维度评价"，给高校15%的自主权，就是希望能把有特殊才能的人才选拔出来。"强基计划"才刚刚出台，它对基础教育的影响需要一个过程，但是它展现出了招生选拔的思想理念、方式方法的变化，将对未来基础教育的改革产生深远的影响。

"强基计划"重视在培养环节发挥各高校的能动性，采用"一校一策"的机制。参与"强基计划"的各个学校，都将充分发挥自己的主观能动性，各尽所能，各显神通，力求把选拔出来的学生培养好。以清华的"五大书院"为例，就是希望加强通识教育，让学生在某一个宽泛的领域里面探索。"五大书院"就是要引导学生去做这种基础性研究。

强基计划重在落地：执行中的几点建议

"强基计划"蓝图已经绘就，国家有关部门和参与高校一定要做好执行与落地。针对制度设计和实施过程中可能出现的误区，我提出以下建议：

一是评价改革不要"穿新鞋走老路"。首先，要科学理解和把握多维度评价的内涵。多维度评价绝不是多考几门课，多考几门课依然是应试套路，充其量体现的也只是"知识"一个维度。不要用这种简单的方式来处理，而要真正变成对思维品质和综合运用知识分析问题解决问题的能力的考查。其次，要避免把"破格"等同于学科竞赛和其他社会上的评奖。"破格"的制度设计增加了在某方面有特殊天赋的孩子入选的可能性，但是如果把"破格"的资格与几大学科竞赛挂钩，就有很大的局限性。特殊人才是不是仅限于这几个类型？这几个类型的人才的能力是否只能通过学科竞赛才能体现出来？事实显然不是这样。

二是在培养环节要夯实基础，避免急功近利。"强基计划"提出"小班化、导师制、贯通式"的培养方式，但是我认为，对特殊人才的培养要更加个性化，力争做到"一人一策"，一群师父教出来一个高水平人才。除了知识与能力的培养，建议加强学生品德、价值观方面的培养，让学生有服务于国家大战略的志向、境界和责任感、使命感。我们常说培养"又红又专"的人才，"红"在"专"前。这种使命感是内在动力之源，把这个发动机发动之后，就会有无穷的动力，遇到什么困难都可以克服。我们希望新一代年轻人具有研究"两弹一星"的科学家那样的奉献精神，在新时代担负起"强基"的使命，用自己的行动去诠释什么才是真正的奉献精神。

在培养上，不要过早分专业、过早地局限在某个狭窄的领域，要按照"宽口径、厚基础"的理念来培养。学生入校后先接受通识教育，经过一段时间摸索之后找到自己最有天赋、最能够发挥潜能的方向。这样才能培养交叉融合型的人才，"强基计划"人才培养要有大融合观，不仅要相近的学科交叉融合，自然科学与人文科学也应该交叉融合。

实施"强基计划"，教师要改变原来带本科生、硕士生的模式，变成指导者、帮助者、激发者。"师不必贤于弟子"，教师水平不一定要超过学生，关键是要为这些学生提供适于成长的氛围、环境和支持条件。怎么用现有的环境和条件，培养出远远超越自己的人才，这是我们现在面临的课题。

三是要做好人才培养与使用的整体设计，不断总结改进。"强基计划"推行几年以后，应进行认真总结，特别是要好好总结招生环节的"多维度评价"和"破格"录取方面的创新探索、成功做法，梳理培养环节遇到的问题。"强基计划"进行几年以后应该对各高校的"一校一策"进行评价，加强对评价环节和培养环节的监督与指导，避免高校走入误区。

"强基计划"的任务不光是选才，还要引导高中的培养方式变革。多元评价、多维度评价，就是要引导学生在中学期间全面发展健康成长，而且还要个性特长突出。作为一个人才培养计划，"强基计划"要承上启下，"承上"就是能够选对苗子，培养出高水平人才；"启下"就是要正确引导基础教育健康发展，对中学的教育发挥导向作用，产生深远的影响，改变当前基础教育人才选拔评价中的一些顽瘴痼疾。如果高校热热闹闹，中学风平浪静，那么"强基计划"的使命完成得就不够彻底。这是我担忧的地方。

"强基计划"对基础教育的导向作用真正发挥出来，可能需要坚持3年、6年甚至12年。这批学生要培养好并在各领域发挥重要作用，同样也需要一个过程，还需要在制度设计上进行考虑。这批人将来走向社会，在国家层面，要用什么样的机制和平台来支撑他们的发展，给他们一个安定、宽松、可以进行基础研究的环境，让他们成为各领域的拔尖人才？如何引导他们到国家需要的关键领域发挥才干？强完"基"之后，如果没有进一步的措施，效果就会大打折扣。高中阶段是育苗，落实"强基计划"是育才，社会层面的磨炼与支撑则是化良材为栋梁。这些培养动作不连贯或是哪个环节出了问题的话，都会影响最终的结果。

PART 2

第二辑

创新课程实施：
全面落实五育并举

为学生提供更加丰富的课程

一个看似简单的问题：为什么如今我们的学生要学这么多领域的课程？

这是因为，多年来，众多国家共同的教育经验表明，学生学习了这些学科的东西，能够为将来进入大学、进入社会打下坚实的知识和能力基础，对于学生的未来发展基本够用。

我曾将教育比喻为"吃五谷杂粮"——为了不"偏食"，教育需要具有其丰富性。每个学科在人的发展过程中都有各自的作用和意义，我们不能浅薄地只看到学科的知识层面。每个学科都有三大功能——第一大功能是知识，第二大功能是能力和素质，第三大功能是育人。我们如果还是用过去那种急功近利的方式——"考什么，教什么，学什么"，就会导致学生丧失全面学习不同学科的机会，同时也丧失拓展知识面、提升素质、充分发育大脑、变得更聪明的机会。

例如，在体育和艺术教育的育人功能方面，我们挖掘得就不够全面。体育，人们往往只看到其增强体质的作用，很少有人想到体育也对人的精神成长、心理素质、意志品质、团队合作、挑战精神等方面能起到重要的教育作用。艺术学科也是如此，音乐、美术等学科在人的创造性、想象力以及心理健康方面所发挥的作用远远超乎我们的想象。故此，如果我们了解了它们的育人功能，就不会把能否取得竞赛奖项作为教育目的，而是应该让所有的学生参与其中——不是他画得好我才教他画，不是他唱得好我才教他唱，不是他跑得快我才训练他，而是为了让学生在学习艺术和体育的过程中得到教育，让育人功能在学生身上得到体现。从我自身的发展经历反思，我觉得在拓展自己的思维方面，体育和艺术的教育起了很大的作用。再关注一下现实生活，我们会发现，能力强、思维活跃、创造性比较高的人，通常也是体育和艺术都不差的人，也就是说这样的人综合素质比较高。

所以，人只有全面发展，才能变得更加聪慧，才能学得更好、考得更好。还是以人的营养健康作比方，一个人如果严格按照理论需求，让医院给他提供混合的维生素、蛋白质来喝，往往不可能健康。为什么？因为所有食品里都有独特的营养元素，有些甚至是现今科学尚不能为之命名的营养素和微量元素，所以人只有吃得丰富才能够健康。教育也是一样，我们只有给学生提供更加丰富的学科和训练，才能让他发展得更加全面、更加健康。如果"考什么，学什么"，最后的结果只能是学也没学好，考也没考好。对于教育的多元性和丰富性，许多人不敢去验证，很多校长也不敢去尝试。一些校长把那些暂时不用考试的科目的课时减少，节省下来的时间集中用于训练考试科目，实际上这是一个很笨的办法，这些孩子会被教得"营养不良"，可能"缺锌""缺钙""缺钠"。

再用体育举个例子。如果我们要培养跳高运动员，培养的方式不可能只有跳高，我们还需要让他跑步、举杠铃、游泳，使他的身体素质得到整体提高。如果我们让他一天八小时练跳高，他反而跳不高。但许多教练却生怕练别的耽误了他练跳高。这是现在教育中一些浅薄的认识。

在清华附中，我们一直在坚持一些自己认为重要的东西，如德育活动、体育活动。学生们并没有因此耽误学业，反而学得更好了，考试成绩直线上升。这是因为学生通过德育、体育课程的学习，身心更加愉悦，生活的幸福感增强了，实践体验使他们更聪慧，思维更加活跃，学习效率更高，学习效果自然也就更好。

　　总的来讲，我们要考虑在有限时间里为学生提供尽可能多的教育体验，设置多领域的多种课程，让学生得到更好的发展。

STEM：好理念怎样变成好课程

STEM 是起源于美国的一个教育概念，是科学、技术、工程、数学多学科融合的综合教育。STEM 课程在国际上一般就称为"综合课程"。

STEM 课程的特点

STEM 课程最重要的特点就是跨学科、多学科的融合，也就是说，这个课程中涉及的问题，往往需要综合两个以上学科方能解决。

STEM 教育主要通过项目驱动的教学方式，让学生在解决问题的过程中学习。通常的方式是，首先给学生创设一个现实情境下的主题，通过教师、学生交流讨论，明确问题，设定项目内容和项目具体的任务。学生根据项目的任务进行规划，调研相关领域的进展，分析项目的可行性，制订研究计划，建立理论模型，并经过编程模拟、数值计算、原型机设计、测试反馈、分享交流讨论等流程后完成项目。项目最终的产出是多样化的，可以是一篇论文，也可以是一个作品，这主要依据项目的领域而定。

开展 STEM 教育，不仅是为了更好地理解和应用学科知识，同时也是为了提高学生分析问题、解决问题的能力，为应对未来挑战做准备。学科教育一般是纵向的教育，如数学、物理、化学、地理、生物，都是纵向的，而培养人同时还需要横向的教育，需要各个学科融会贯通，需要综合各方面的知识、能力。如果一个人拥有驾驭纵横交错的知识网络的能力，他未来便能应对更严峻的挑战，承担更大的责任。人们常认为中国人的创新能力较弱，我认为有一个原因可能是，中国的学生从小学到大学学习的都是孤立的单一学科的知识和技能，缺少跨学科的融会贯通的教育，缺少举一反三、创新使用的能力，所以导致路越走越窄。

STEM 这样一种教育方式和课程，毫无疑问，对于培养学生的科研创新能力、动手实践能力是非常有利的。从培养分析能力的角度看，STEM 是一种非常好的学习方式和教育方式。这也是世界各国都在开展 STEM 教育并一抓到底的原因。有些国家甚至把 STEM 教育上升到国家战略的层面，把这种能够培养具有未来竞争力人才的教育方式放在首位。

STEM 教育同样可以激发学生的学习动力。所有参与这个项目的学生，带着问题和任务调动各学科的知识，多感官参与，既动脑又动手，深入挖掘潜力，促进思维发展。STEM 教育，通过挑战性的激励，激发学生的学习动力，能提高学生的学习能力和综合素养。除此之外，它还能培养学生的团队合作意识。一个 STEM 专题或者项目，往往涉及多个环节，需要分析、设计、实验、完善，甚至是对结果（产品）进行包装。这不是一个或者两个人能完成的，需要多个人共同研究，密切配合，合作攻关。在这个过程中需要大家合理分工、共同参与，这是对合作意识和团体协作能力的锻炼。

几年前，有人提出加上 A（art，艺术），STEM 发展成 STEAM。我觉得艺术的重要性是显而易见的，因为科学和艺术本来就不分家。在培养学生的过程中，艺术教育有两点非常重要而且是其他学科不可取代的：其一是对学生审美能力的培养，学生艺术修养和审美能力的提高，对于未来的人生、科学研究都是非常重要的。其二是艺术教育能够让孩子们"打开"自己，展现想象力，培养表现力，这是艺术教育特有的价值。

现在甚至有人认为应该强调学生的阅读能力，于是在 STEAM 中又加入了 R（reading，阅读），变成了 STREAM。其实这类课程叫什么名字并不重要，重要的是把握课程的核心理念，那就是要培养学生以综合视角解决真实世界中问题的能力。而作为学校，应积极为学生搭建一个多学科、多视角、以解决实际问题为取向的综合发展平台。

如何开好 STEM 课程

STEM 课程现在很火，各地许多学校都在争相开设 STEM 课程。是不是每个学校都适合、都有能力开展 STEM 教育？我深切地感受到，要大力发展 STEM 教育，最大的制约因素是没有足够的优秀教师。长期以来，分科教育越分越细，教师的专业越来越窄，而综合是 STEM 教育的根本特性。当前解决的办法只有团队合作。在美国一个老师能搞定一个项目，在中国可能就需要五六个老师，多学科老师联合在一起完成这个项目。

在中小学开展 STEM 教育，除了要解决师资这个瓶颈，还需要处理好下面几个关系：

第一，我们要清楚 STEM 课程和常规课程之间的关系，了解 STEM 课程所处的位置。目前 STEM 课程的唯一合法地位，就是学校的选修课，我们不能用 STEM 课取代某门常规课程，因为它知识的系统性还是要差一些。我们不是为了知识而开设这门课程，而是为了培养孩子的综合素养和创造能力。

第二，我们要处理好单一学科的学习和 STEM 教育之间的关系。STEM 课程与单一学科课程所学的知识需要匹配。如果这个项目所用的数学知识，学生要一年之后才能学到的话，那么学生学习的效果肯定不尽如人意，因此需要对相关 STEM 课程进行重新设计。也就是说，我们设计的 STEM 课程要和学生的知识结构、能力结构、认知能力匹配，要分年级、分阶段设置不同的

STEM 课程。

第三，要考虑中高考与 STEM 教育的关系。我们当然希望未来 STEM 教育能够育人有效，但是首先要做到的是选人有用，否则，STEM 教育是不可能得到持续发展的。在中国的教育领域里，仅仅靠情怀和理念是很难通达天下的，如果说发展 STEM 教育的结果是中高考成绩很差，那 STEM 教育还会有生存空间吗？还有机会发展吗？既然这个东西好，就要显示它的作用。学校不能告诉孩子的父母说现在孩子中高考成绩差点没关系，等到 20 年、30 年以后效果就显现出来了，他们能相信吗？等得起吗？不过，清华附中的实践证明，参与这些项目的学生，文化课考试的成绩不仅没有受到负面影响，反而有所提高。

第四，要考虑国际水平与本土特色的关系。STEM 教育想要在中国推广开来、发展好，首先需要有顶层设计，国家层面应有相关标准和评价、管理制度；其次，要有灵活的机制，因为 STEM 教育是一种跨学科、高投入的教育，所以需要有一个良好的机制维系好整个 STEM 系统在中国基础教育中的发展，这需要多方合作方能达到共赢效果。

■ 链接

清华附中的 STEM 教育探索

清华附中在 STEM 教育教学方面进行了开拓性的探索。学校早在 2011 年就开展创客教育，2014 开始与美国托马斯·杰弗逊科技高中（TJ）合作，在清华附中建立了六个高端实验室，开始了 STEM 教育，并于 2016 年成立了 STEM 教研室，同时组织工作坊，邀请国内外专家，集结优秀教师，从理念到实践进行深入研究探讨，学校 STEM 教育具备了常规运转的"大脑"。

目前，清华附中在 STEM 教育标准研究、课程建设与人才培养方面取得了丰富成果。2018 年，清华附中组织编写了《STEM 课程标准》，旨在研发出符合我国实际需要的 STEM 课程标准，推动课程更加规范地落地实施。该标准以科学教育的十个大概念为统领，按照基础教育的学段，从科学、技术手段、工程实践、数学、其他综合能力五个方面来阐述，还提供了各个学段的 STEM 课程实例。

清华附中创建了"课后选修课程—创客空间课程—高研实验室课程"的 STEM 课程体系。从进入初中开始，学生就可以选择自己感兴趣的各类 STEM 基础素养课程，之后通过参与选拔进入创客空间开展项目式学习。进入高中后，有科研意向的学生可在教师带领下开展不同方向的高研实验室课题研究，为未来深造做准备。近两年来，清华附中学子在国际、国内顶尖科技类竞赛中屡获殊荣，已获国际青少年科学奥林匹克竞赛金牌，全国青少年科技创新大赛一等奖、STEM 精英奖，丘成桐中学科学奖金奖，北京青少年科技创新大赛科技创新市长奖、一等奖等，涌现出一大批优秀学子，带动了学生综合素质的全面提升。

新高考背景下的 STEM 教育

从不同角度看 STEM 教育

STEM 是来自美国的一个概念，要清楚它的精神内涵是什么，可以从以下几个角度理解。

第一，从课程的角度。STEM 作为一类课程，特点就是跨学科、多学科融合。STEM 课程的内容不是只针对某个单一学科的教学，而是会设计两门以上的学科内容。所以，从课程内容的角度来看，STEM 课程是一类综合性的课程。

第二，从学生的角度。STEM 课程是基于项目式学习的课程。项目式学习一般是围绕一个主题，或者围绕一项任务开展教学环节。学生在拿到这个任务以后，对任务进行分析、研究、设计，然后不断地尝试，最后得到解决方案或者项目结果。结果的展现形式有很多种，有时候是一个报告，有时候是一个作品。这样的学习体验提高了学生的参与度，强调了学生在整个过程中的动手实践能力、研究与探究能力以及自主学习能力等。有时候因为项目的复杂程度高，不可能由一个学生来完成，必须是团队合作来完成，从而可以锻炼学生的团队分工与合作能力。

第三，从教学的角度。STEM 课程不是单纯为了完成学科知识的传授，学科知识的教育主要由数学、物理、化学、地理、生物等单学科教学来完成。人才培养，知识和能力结构必须"纵横交错"，既要有纵向的单学科课程，也要有横向的综合课程。STEM 与传统的单学科教学融合在一起，才能实现这样的教学理念。帮助学生建立一个知识的网络，才能帮助他们在未来变得强大。中国人的创新能力薄弱，就是因为我们从小到大缺乏一种纵横联合的培养。我们擅长的都是单学科知识的学习，但是不会融会贯通，不会创新使用。这就导致我们培养的学生，思维和知识面越来越窄，成为某个学科顶尖高手的人居多，而能在不同领域自由穿梭的人凤毛麟角。

第四，从教师角度。STEM 教育对教师的要求非常高。清华附中以及清华附中依托的清华大学，在发展 STEM 教育的时候都可以提供丰富课程资源、实验室资源等各种有利条件，但是全面发展 STEM 这种综合课程，是需要优秀的跨学科人才或者能够进行跨学科合作的师资人员的。我们现在的大多数老师从小到大没有经历过 STEM 这样的学习和体验，他们现在要教给别人自己没有经历过的学习体验，自然会有一定的困难。面对客观现实，我们可以采取多人合作的办法。如果美国两个老师能搞定的项目，我们可以用三四个老师，甚至五六个老师，多学科的老师一起合作来完成一个综合课程的教学任务。

第五，从实施保障角度。为了能够让 STEM 教育未来在中国真正发挥指导作用，真正做到没有第一课堂和第二课堂的区分，都是第一课堂的内容，就像中国教科院王素老师所说的，国家的教育顶层设计就要承认它的名分，就要制定规范和标准。因为这样的综合课程涉及很多方面，包含了很多要素，有很多要求，它需要明确其配套的评价及标准。否则，大家你一言我一语，形成多套甚至混乱不清的标准，到时候就成了以 STEM 的名义，把事情搞砸了。所以它的资源要求和评价标准的规范化，亟待国家顶层设计。

开展 STEM 教育的好处

在培养学生的分析能力方面，STEM 教育是最为行之有效的一种学习方式和教育方式。世界上很多国家都已经开始逐步全面采用这种方法，甚至将其列入国家战略的层面。因为如果要让国家在未来具有竞争力，就要把这种能够培养具有竞争力的人才的教育放在第一位。所有参与我们 STEM 教育项目的学生，他们表面上看天天在"玩"，花了很多的时间，但是他们的学科成绩不但没有降低，反而变得特别好了。清华附中的实践证明，学生通过"玩"这种学习项目，其实是可以促进文化课考试成绩的。因此，开展 STEM 教育是提高学生成绩行之有效的方式之一，而且没有后遗症，是一举多得的一种方式。

通过开展 STEM 教育，学科的老师会重新审视自己原来的学科教学，虽然还是在教单一学科课程，但是有了跨学科综合思维之后，他们会在教学过程中自觉或者不自觉地把自己所教的学科和其他学科建立起联系，所以 STEM 教育下的教学环节同样会促进老师的单一学科教学。不过，目前 STEM 课程只能作为学校的选修课，我们还不能用这个课取代任何一门学科课程，因为 STEM 课程在知识的系统性方面会存在一定的问题，因为这类课程本身就不是为了传授知识而开设的，而是为了培养学生的科学素养和创造能力。

STEM 教育好比让学生在操场里面跑圈，跑圈的目的是锻炼身体，提高体能，不是每次都需要学生比赛，看谁能最快跑到终点。STEM 教育的标准应该是过程性的评价，只有这样的评价体系，才能够确保 STEM 教育实现其价值。比如在 STEM 项目中，我们让学生设计火箭，火箭能否成功发射、发射的高低是我们评价的一部分，但是 STEM 教育的评价体系应该更多地关注在设计火箭的过程中，学生在应用知识、采用方法、团队合作等方面的综合表现。也许发射失败了，但是因为过程性的评价，可能这个失败组得分比成功组还要高。因为在设计火箭的过程中，孩子们收获的东西很多，当发射的时候其实学习已经结束了。

在我看来，在中小学开展 STEM 教育，至少有以下三方面的作用：

第一，如果我们大力发展 STEM 教育，学生的课堂参与度更高，学习自然变成一件快乐的事情。当孩子感到学习是快乐的时候，学习的自主性和效率就会提高，在同样的时间单位里，他会比正常情况下学习更多的内容。

第二，通过 STEM 教育中的项目式学习，学生会发现知识原来是这么有用；随着项目难度的增加，他会觉得自己的知识不够用，就会去翻书、去查资料、去请教老师，从而自然而然地取得进步，激发学习的动力和激情。所以这种学习模式可以很好地解决学生学习动力的问题。今天 85% 的孩子都是不得不学，只有 15% 的孩子有发自内在的学习动力。

第三，如果学生从小学到初中再到高中，一直在跨学科综合课程和项目式学习的环境下成长，他解决实际问题的思维就会很自然地从综合角度出发，他会比别人更熟悉地利用不同的学科知识来解决问题。就像弹钢琴一样，从小弹，手自然会更灵活，谱子自然记得更牢。STEM 教育也是一样的，它可以帮助人开发智力，所以连续"玩"很多年之后，这些孩子比其他孩子变得更聪明，学习更有动力，学习成绩一定会提高。这就是规律。所以我们应该尽早从小学开始就开设这样的课程。

清华附中的 STEM 教育探索

清华附中主要做了以下探索：

第一，研发 STEM 课程标准与实施方案。研发制定中国的 STEM 教育标准，过程很艰难，因为我们既要参考国际的通用标准，结合中国的科学标准、课程标准，还要结合中国的学科知识结构、学生对应掌握的能力等。制定这个标准的时候，要分年级段，明确课程应该符合什么样的要求，要按照规律来，没有一个很强的团队，是很难完成这项工作的。同时，我们在必要时还要借助外力，确保体系的科学与完善。

此外，我们还进行了课例分析，邀请专家开设"基于 STEM 课程的设计与开发实践"讲座，进行 STEM 教育示范课展示等。

第二，建立多元智能实验室。通常，实验室是开展 STEM 教育的场所，因此实验室建设至关重要。我们学校建立了化学分析实验室、地理信息实验室、生命科学实验室、计算机科学实验室等。

第三，开发基于多元智能实验室的 STEM 系列课程。STEM 教育大部分的教学是在校内完成的，当然，我们不反对走出去，有时候走进企业，走进大学实验室。但是，总体来说，我们没有那么多的时间天天走出去，而且有时候安全也是问题，所以能在校内解决的尽量在校内解决。

我们开发了一系列课程，包括六大领域：设计思维，如 DI 创新思维；开源项目，如 Scratch 编程、APP Inventor 程序、iOS 编程入门、Python 程序、Arduino 小行家等；科学探究，如化学的味道、生命科学探索、地球家园、趣味物理实验、人体医学等；智能制造，如设计与激光切割、3D 天地、物联网、未来机器人、固定翼航模等；艺术创造，如超轻黏土、纸的艺术、沙盘世界等；特色专题系列，如雾霾测试仪、水系列调查项目、演讲的艺术等。

另外，还有基于多元智能实验室的 STEM 综合项目，包括能源与材料、结构与机械、电子与控制、自然与环境等模块。

第四，STEM 教育教师培训。对教师们做关于 STEM 教育理念与实践的培训，我们不仅仅培训自己的教师，也对外培训教师。

第五，其他科学教育。除了 STEM 课程之外，我们还开设了很多其他科学课程，包括创客课程等。STEM 课程虽然是综合课程，但是有时候它的研究项目可能主要围绕某一学科，那项目实施过程中可能会突出该学科的教学。

我们还有高研实验室课程，高研实验室借鉴了美国托马斯·杰斐逊科技高中的做法。高研实验室主要针对高中学生，也有一部分初中学生。创客空间主要面向初中生。学生可以在自动化与机器人实验室里学习 C 语言和练习使用 Arduino；在化学分析实验室里练习使用实验仪器；在地理信息实验室里使用四轴飞行器采集遥感数据；在生命科学实验室里讨论论文；在计算机科学实验室里模拟月球环境等。高研实验室还用于组织开题与结题答辩。

以上是清华附中开展 STEM 教育的一些探索。下一步，我们将会进一步深化 STEM 教育理论，大胆进行尝试，为我国中学开展 STEM 教育提供可借鉴的模式。

变革学校体育课程及教学管理体系

搞好体育锻炼与中考、高考一点都不矛盾，它们是相互促进、相互依存的关系，但是很多人没有认识到这一点，学校体育活动没有开展好，学校体育观念不正确，没有看到体育活动的价值，不敢去尝试。

正确认识学校体育工作的价值

1. 开展学校体育有利于培养学生的良好生活习惯，成就未来幸福生活。

一般人对体育的了解是比较直观的，看到的只是体育表面的意义。体育对于青少年身体发育和健康成长的作用容易得到大家的认可，特别是对身体的柔韧性、协调性的发展有很大帮助。国家的中小学生体质健康检测标准里所测的肺活量、速度、耐力等身体素质，都可以通过体育锻炼得以提高的。我们希望学生们可以有一两项特长，表面上看体育是跑、跳等动作的重复，但当学生养成习惯时，体育活动就不只是在校的活动，而将成为其终身的习惯。在不同的年龄阶段有不同的体育锻炼方式和内容，这有利于培养学生良好的生活习惯。他们未来要拥有幸福、健康的生活，体育活动是一个必备的基础。

2. 开展学校体育有利于磨炼学生的意志品质，塑造学生坚韧不拔的精神。

体育活动对人的意志品质的培养和锻炼能起到重要作用。体育活动有时候要与别人比拼，有时候要与自己比拼，与自己比拼就需要不断地超越自我、克服困难、突破极限，跑得要越来越快，跳得要越来越高，举得要越来越重。体育锻炼需要坚持，坚持本来就是一种意志和品质。学生们从中小学开始，坚持有一定强度和挑战性的体育活动，对于其意志品质的培养至关重要。不但要坚持，还要精益求精，不断地超越，不断地突破。许多体育项目都与竞技有一定关系，与其他人或其他团队进行比赛也能增加学校体育活动的活力和趣味性，能使学生对体育活动产生强烈而持久的兴趣，没有兴趣就没有坚持，没有坚持就无法养成良好的习惯。

但凡比赛就有规则，比赛结果则存在必然性和偶然性。比赛的获胜、比赛成绩的提高，其中最主要的因素是平时的积累，就如同考试一样，临场发挥固然重要，但更重要的还是靠自己平时的积累。同时也要考虑到一些偶然因素，并不是平时成绩优秀，比赛成绩就一定高，也不一定平时跑得最快，比赛就能夺冠军，其中还要考验心理素质，没有良好的心理素质就难以发挥出应有的体育运动水平。世界杯、奥运会等比赛选手在最后关头出现失误的事件比比皆是。通过一些运动会、比赛活动，学生能够感悟平时训练与比赛的关系、平时水平与比赛结果的关系，体会到意志品质的重要性，得到一些人生观、价值观上的启发。

在比赛规则中还包含体育道德，包括对裁判和对手的尊重，对规则的服从等。比赛结束后，对手之间有时会出现互相辱骂甚至大打出手的情形，现场观众有时会表现出不礼貌，甚至失去理智，说一些不文明的话。这些现象反映出有些选手和观众的体育观不正确，或者说人生观不正确，他们不能正确地对待一件事，看不到必然性和偶然性之间的关系，出现了偏激的言论、想法和行为。这些思想上的东西应该在中小学体育活动中去培养，需要在开展体育活动时发掘体育的教育价值。体育活动不只是身体素质方面的教育，不仅仅是教会学生跑得快、跳得高，还要在比赛和锻炼中培养学生正确的态度、树立正确的规则意识和价值观。体育的教育功能和作用是其他学科所不能代替的，体育的育人功能是更为突出的。

3. 开展学校体育有利于培养学生的合作意识。

体育的另一个层面是合作和竞争的关系。体育活动有些是个体活动，个体活动就是要超越自我、尊重别人、尊重规则和接受偶然性结果等。有些是集体项目，其教育功能更强。同学们喜欢的足球、篮球、排球等集体项目最讲究的就是合作意识。即使一个团队中每个人都不是最优秀的队员，可是有很好的配合同样能取得胜利。有的团队有不少明星球员，组建起来反而没有战斗力，因为团队成员没有合作意识，没有合理的分工，没有很好的配合。

团队的力量和个人的优秀不是一回事，当一个篮球运动员拿到球之后不配合、不传球，只顾自己单打独斗，这样的团队很难取得最终胜利。凡是集体项目都与合作相关，体育所体现出来的合作意识是别的学科很难达到的。大部分的学科是教师授课学生听课，是个体项目，但体育更讲究的是团队性，团队行为对学生合作意识的锻炼有很大的帮助，这种习惯在他升入大学直到参加工作之后都会有很大帮助。学生是团队中的一员，甚至是一个团队的领导，如何理解团队精神，如何树立正确的团队意识？团队成员之间怎么互相交流、互相尊重、共同合作去完成一项任务？这种团队意识和能力在体育中，特别是团体项目中将得到更多的锻炼。

只有认识到了体育对人的品质、习惯和身体的影响，认识到了体育对团队合作意识、规则意识、竞争意识和公平意识培养的重要作用，才能真正认识到体育非凡的教育意义。现在很多学校对体育不是特别重视，因为他们看到的只是体育表面的价值，而看不到其深层次的价值。这种价值的挖掘对学生的培养很有好处，可以促进学生文化课的学习，有利于学习成绩的提高。

4. 开展学校体育有利于调节学生情绪，缓解压力。

在初三、高三时很多学校认为应该全力以赴备战中考、高考，但是我们学校对体育锻炼绝不放松，体育课从不允许停课。学校的学生也会在课间跑操，一直坚持到高考、中考前夕。因为体育这一独特的学科对人的身心有很好的调节能力，除了锻炼身体之外，还可以帮助学生舒缓压力，克服心理的紧张，对调节思想、情绪有不可替代的作用。认为初三、高三学生进行体育活动耽误时间，这是对体育的误解。时间不能决定一切，时间和效率相结合才是取得好成绩的关键。有张有弛、脑力活动和体育活动交错进行反而会让学生变得思维敏捷、身心愉快，这样的学习、生活才是和谐的。学校学生成绩优秀是由很多因素决定的，除了学生认真和教师负责，也要发挥各个学科不同的作用，让孩子变得健康、愉快，这样才能提高效率、提高成绩。如果一味地苦学却没有效率，会导致学生身心俱疲，被动地学习，甚至有的学生因此产生厌学情绪。

建立多层次的学校体育管理系统

1. 学校体育活动必须全员参与。

在学校体育管理过程中，首先要照顾到全体学生，让所有学生都参与进来。国家规定的所有学生要参与的体育活动要不折不扣地落实，例如体育课、每天锻炼一小时等只是底线，达到国家要求只属于及格水平。体育课要落实到行动上，要真正让学生在阳光下、在教室外上课，不能只是课表上排体育课，上没上课和上课的效果都要重视。

2. 策划活动、成立社团，满足学生的兴趣需求。

除了常规的体育锻炼之外，还要针对学生感兴趣的体育项目开展、策划一些活动。清华附中每年都会开展春秋两次运动会，春季开展以轻松愉快的趣味体育活动为主的体育艺术节，注重参与度和趣味性，秋季举行以竞技性体育比赛为主的运动会。

学校还面向全体学生成立了各类体育社团，有的学生可能对体育项目中的某一项比较感兴趣，既然体育对人的发展、成长帮助很大，那我们就有责任在完成国家规定的体育活动的基础上给这部分有愿望、有需求的学生提供进一步发展体育兴趣的机会，让某些体育项目变成他们的终身爱好。不同的学生有各自喜欢的体育项目，所以要面向普通学生成立篮球、橄榄球、足球、跆拳道、羽毛球、乒乓球等各类体育社团。社团大部分是学生自发成立的，有专门的学生负责人，自己邀请指导教师，教师只相当于一个教练，在技术上、管理上进行指导。当社团有良性发展时，学生自己就会与别的学校联系进行校际比赛。举办一场赛事涉及联系时间、场地安排、邀请教师与裁判、交通问题等等事项，学生将得到诸多锻炼。对于体育社团，只要学生感兴趣、有人参加我们就支持，让他们有机会加入到自己喜欢的活动中。当然也会有部分学生不愿意参加体育类社团，我们是鼓励大家参加但不是强制性的，基于学生的兴趣，但体育课人人必须上。

3. 建立高水平队伍，培养体育专业人才。

学校之所以大力发展、普及体育活动，源于对体育教育的深刻认识。除了成立俱乐部和各类社团，满足有特殊兴趣孩子的需求，学校也有高水平体育运动项目。开展高水平运动项目的意义在于：第一，可利用"马约翰体育特长班"课程体系培养出真正的体育人才、有专业运动水平的人才。第二，可带动校园体育氛围。高水平的体育项目在学校具有很大的影响力，它能够带动整个校园的体育氛围，在学校里有几支活跃的高水平运动队对学校的带动作用很大，会使更多的学生喜欢体育，喜欢体育中的某一个项目。

"马约翰体育特长班"培养模式很适合在其他学校推广。首先，挑选出有能力、有潜质的学生，设置特定的课程，提供训练场地等客观的条件。其次，要有高水平的教练，将具有专业水准的教练队伍引到学校，按专业的模式去培养学生。对于体育来说，最初的训练方法对队员后续的发展十分重要，比如乒乓球队员，只是随便练习的话，能力很难得到提高。"马约翰体育特长班"把部分适合在学校培养专业人才的项目放到学校，这种体教结合的人才培养方式就是"马约翰体育特长班"最宝贵的实践经验。这种模式完全可以推广到其他学校，只要有场地、有教练、有团队，就可以尝试这种模式，这样学生的学习能力和专业能力将两相结合，互不耽误。

现在我们国家学校体育发展缓慢的主要原因是把体育与教育割裂开，在纯体育人才培养的体系里忽略了常规教育的价值，不少孩子从小接受专业训练，没有系统地学习文化课知识，离开体育后无所适从。我们不能把体育理解成单纯的技能，体育不只是训练，适当时机下它是一种智慧的较量，不聪明的人难以取得最终胜利，四两拨千斤、以柔克刚都需要智慧而不是蛮力。体育到了一定层次之后比拼的是意志、精神和智慧。在运动员的培养上我国不是世界先进水平，中国在强大的人口基数支撑下部分运动项目却发展缓慢，我们应该思考自己的体育人才培养体系。运动员很吃苦，很小就开始训练，如果体系不正确，光用蛮力是不行的，我们应该多向世界先进模式学习，看他们是如何在常规的教学中培养体育人才的。"马约翰体育特长班"就是一种尝试，我们很艰难地走过了这么多年，成功地积累了很多经验，我们渴望这种经验能够在全国各地生根发芽、开花结果。我国在世界大赛上获得了很多金牌，但是有些金牌让运动员、让整个体育体系付出的代价是沉重的。我们应该反思体育人才培养到底出现了什么问题，我们要看到在同等结果下，我国的运动员多付出了哪些代价。我们要对全民族的体育负责，对每一个从事体育竞技工作人员的一生负责，这是我国体育可以长盛不衰，可以让我们挺直腰板做体育强国的重要因素。

体育锻炼贵在长期坚持

清华附中有重视体育的传统，每个学校也都有自己的培养模式和传统习惯，学生、家长选择了这所学校就表明了学校的信任。清华附中已经用实践证明应试教育与体育锻炼两者不矛盾，而且互相支持。我们用实践和理念影响学生，这样家长就会信任你，用实践证明体育和学习的相互促进作用后，没有任何家长、教师、领导会质疑这样的体育活动。

体育锻炼是需要长期坚持的，中断一年之后很多东西将无法连续，同时会给学生树立错误的观念，认为爱好、体育锻炼因为忙就可以不坚持。体育锻炼的精神是：克服一切困难去做，不在于技术如何，时间多长，坚持锻炼就是生活的一部分，与喝水、吃饭、睡觉一样是生活中不可缺少的一部分，只有这样去认识体育锻炼才能坚持下来。

补齐劳动教育的短板

在 2018 年教师节当天举行的全国教育大会上，习近平总书记指出：要努力构建德智体美劳全面培养的教育体系，形成更高水平的人才培养体系。要在学生中弘扬劳动精神，教育引导学生崇尚劳动、尊重劳动，懂得劳动最光荣、劳动最崇高、劳动最伟大、劳动最美丽的道理，长大后能够辛勤劳动、诚实劳动、创造性劳动。

1957 年，毛主席首次提出德智体全面发展，后来党和政府进一步发展、总结，提出培养德智体美劳全面发展的社会主义事业建设者和接班人的教育方针。但是在实践中，"五育并举"常常被简化成了德智体三育，在一些学校的实践中，更是变成了唯"智"独尊。这种片面追求学业成绩（分数）的育人导向带来的诸多弊端已经开始显现，与立德树人、发展学生核心素养的要求不相适应。习总书记在讲话中强调德智体美劳全面发展，是对新时代"培养什么人"的具体阐释，对于教育界准确理解与贯彻党和国家的教育方针具有正本清源、导正航向之作用。

在当前的社会背景下，强调劳动教育，还具有特别的现实意义。

强化劳动教育，有利于学生形成正确的价值观念，对于引导学生践行社会主义核心价值观具有重要意义。当今演艺圈的天价片酬和阴阳合同、娱乐选秀节目批量造星、"流量小生"一夜暴富、网络红人靠打赏日进斗金，这些社会不良风气和乱象，如同雾霾一般无孔不入，侵蚀学生的心灵，扭曲其价值观念，助长好逸恶劳、拜金主义、享乐主义和极端个人主义的思想。我们应当通过劳动教育，让学生热爱劳动、尊重劳动，尊重每一位劳动者，使他们真正认识到劳动是财富的源泉，"幸福是奋斗出来的"；让他们相信劳动是推动人类社会进步的根本力量，社会发展中的各种难题，只有通过创造性劳动才能破解；让他们自觉将日常生活与理想追求紧密结合，在劳动创造中实现远大理想和个人目标，树立依靠辛勤劳动、诚实劳动获取财富和实现人生价值的正确思想观念。

有人认为，开展劳动教育就是让学生到农田或工厂干体力活儿，这是一种片面的、落后于时代的看法。劳动教育具有丰富的内涵和外延，劳动教育的目标具有多维性，包括劳动观念、劳动态度、劳动习惯、劳动情感、劳动知识、劳动技能（技术素养）、劳动思维（包括创新意识和创造力）等七个方面。劳动教育还具有融通性，是德育、智育、体育和美育的基础，对于其他四育有着正向的促进作用，概括起来就是"以劳树德，以劳增智，以劳强体，以劳育美"。

劳动教育与德育密不可分。使学生树立正确的劳动观念和劳动态度，热爱劳动，尊重劳动人民和劳动成果，抵制好逸恶劳、贪图享受、不劳而获、奢侈浪费等不良习气的影响，在劳动中磨砺意志品质，这本身就是德育的重要内容。

劳动教育能促进智育。陶铸曾说过："劳动是一切知识的源泉。课堂上学习的书本知识、理论知识，需要通过实践锻炼得以内化和升华；劳动还能直接为某些知识的学习、观念和情感的体悟提供真实情境。让学生把《悯农》背得滚瓜烂熟，他们对诗歌思想内涵的认识，可能不如到田间地头干一小时农活来得深刻。"

劳动与体育相辅相成。体育就是在劳动的过程中产生的，劳动不能代替体育锻炼，但是劳动可以促进人体消化吸收，使人体魄强健，为体育打好基础。有些农村学校或城乡接合部的学校，学生体育成绩和体质监测指标通常好于中心城区学校，和这些学生劳动锻炼较多有一定关系。

劳动涵养美育。劳动创造了世界，也创造了美。劳动美是人们在生产劳动中形成和表现出的美，是社会美的最基本的内容，人自由、自觉的创造活动以及才能、智慧、品格、意志、情感等本质力量最直接、最集中地体现在生产劳动之中。苏霍姆林斯基说："人在劳动中创造自己并理解劳动的美。"劳动教育可以引导青少年树立正确的审美观、价值观，在"哈韩""哈日""娘炮"等各种所谓时尚风潮影响下坚持自己独立的认识和选择。

劳育虽然在五育中"排行老五"，却是"构建德智体美劳全面培养的教育体系，形成更高水平的人才培养体系"不可或缺的重要一环，在当前更是亟待补齐的短板。

这块短板怎么补？我认为，第一，各级教育管理部门、学校和教科研单位应该认真学习习总书记在全国教育大会上的讲话，提高对劳动教育重要意义的认识，纠正过去的一些偏颇认识，高度重视劳动教育。第二，要保持劳动教育的连续性，建立一个从幼儿园到大学、各学段目标明确又有机衔接的劳动教育体系，特别是在中小学阶段，应该单独设立劳动技术课程，给予课时保障和必要的经费保障，通过专兼职相结合的方式组建起一支教师队伍，为开展劳动教育提供必要的指导。第三，要建立相关的实践基地。现在很多城市学校连最基本的体育锻炼的场地都不够，建设劳动实践基地靠学校自身的力量显然不行，需要创新思路，更多地借用外部资源，建立校内外社会实践资源的协同共享机制，与农场、工厂、社区等开展合作，拓展劳动教育的途径，通过校园劳动、学工学农、志愿服务等方式，为学生提供劳动锻炼的机会。政府相关部门应该健全社会教育资源开发配置的政策体系。在这方面，职业学校的一些做法值得借鉴。需要强调的是，在合作建设实践基地的过程中，一定要把劳动教育的课程理念及七个方面的培养目标融汇其中，让学生在劳动的过程中受到教育，而不仅仅是"劳其筋骨"或提高劳动技能，更不宜把经济利益（物化的劳动成果）作为重要目标。第四，家庭是劳动教育的重要场所，没有家庭的配合，劳动教育的链条是不完整的，要把劳动教育作为家校合作的重要研究课题，通过家校合作推动劳动教育润物无声地进入每一个家庭。家长要以身作则，教育学生懂得感恩，珍惜劳动成果，在家里积极承担力所能及的家务劳动，持之以恒，从小事做起，从每一天做起，不能把做家务视为完成"作业"或是"作秀"。

青少年的成长离不开劳动，劳动教育在人才培养中不能缺位。最后，我想用高尔基的一句名言与师生们共勉："热爱劳动吧，没有一种力量能像劳动，即集体、友爱、自由的劳动的力量那样使人成为伟大和聪明的人。"

■ 链接

清华附中的"农训"

清华附中素有开展"农训"的传统。自 1983 年起，清华附中连续组织了八届高二年级学生到当时的北京市昌平县马连店、三堡，大兴县周口店，房山县窦店村窦子水村中央警卫团农场参加农业劳动，进行社会调查，还组织学生干部到山西经济落后地区偏关县和辽宁省新城县举办夏令营，组织少数学生到内蒙古草原和湖北神农架参加地理、生物等科技夏令营。

如今，清华附中的"农训"，时间上主要分为长期和短期。短期的"农训"一般为五天到一周，安排教师带领学生去地里收割；长期的学农，则是跟踪式的，学校邀请专业人士、安排校内教师带领学生们共同观察作物在地里生长的整个过程。比如清华附中永丰学校，利用校园中的半亩棉田，将棉花的种植、培苗、收割、研究贯穿在一起，形成了系统完整的课程。孩子们在劳动、生产、观察、鉴赏中体验传统文化"耕""织"的魅力，记录、描绘棉花成长全过程，在历经四季寒暑的学习、探索中接受自然与人文有机结合的共生教育。他们还体验了纺线、染线、织布、文创制作的全过程。在这个庞大的课程体系中，除了各种纺织类的操作课程，各种和耕织文化相关的知识也会纳入课程研发序列中。

除此之外，清华附中还组织学生体验割稻子，如参加海淀公园丰收节活动。学生们与农民伯伯一起走入稻田，挥动镰刀，亲手体验收割稻穗的辛劳，感受收获的快乐。除了收割水稻，学生们有的在"稻米香粥区"品尝稻米熬制的香粥，有的在"皮影制作区"制作皮影，在劳动之余感受收获的喜悦。

这些活动不仅让学生们受到了劳动的锻炼和艰苦奋斗的教育，更增强了时代责任感。通过"农训"，学生了解了农业生产的状况和农业生产的基本操作。学生们通过"农训"，也理解了农民"靠天吃饭"的辛苦。"农训"还培养了学生对土地的深厚感情。

发现音乐教育的神奇力量

有人工智能研究专家预言，未来人类生活中很多事情都可以由智能化机器人来完成，但是有两项工作是无法被取代的，一是音乐（音乐创作），二是绘画（创造性的绘画）。正因如此，我们今天要为未来人类能够自己创造和欣赏音乐事业多做点儿事。

我是一名音乐爱好者。我喜欢唱歌，喜欢拨弄各种乐器，也喜欢听音乐。一个人开车的时候，我总是会把车载音响打开，并调到音乐频道。对大多数音乐爱好者而言，无法实现成为音乐家的梦想，或者是因为没有天赋，或者是因为没有机遇，但这丝毫不影响我们对于音乐的热爱，以及音乐对于我们的重要性。

假如没有音乐会怎么样呢？可以毫不夸张地说，没有音乐的世界就是黑白的世界，没有音乐的生活就是单调的生活，没有音乐的人生就是不完美的人生。

音乐与自然科学、数学和文学密不可分

音乐和美术、科学等都具有相通性。音乐是音乐家对人与世界的感性描

述和表达，他们使用的是音符和旋律；美术是画家对人与世界的感性描述和表达，他们使用的是色彩和构图；科学是科学家对人与世界的理性描述和表达，他们使用的是数学语言和科学定律。他们都在用不同的方式描绘人与世界，可以说，他们在哲学层面、本质层面是相通的。

我们非常熟悉的许多科学家都是了不起的音乐家，只不过他们在科学方面的成就之光过于耀眼，以至于我们忽略了他们在音乐方面的成就。

比如爱因斯坦，他不仅科学研究非常出色，小提琴拉得也很好。他曾经表示："如果我不是物理学家，可能会是个音乐家。我会用音乐的方式看到我的生命。"读过他的传记的人，也许都不会忘记这位科学巨匠的另外一种生活——他常常陶醉在美妙的旋律中，并在美的和谐中触摸宇宙的"神经"。

我们熟悉和尊敬的科学家钱学森，不仅热爱音乐，而且对音乐有很深的研究。他说："正是音乐艺术里包含的诗情画意和对人生的深刻理解，丰富了我对世界的认识，让我学会了艺术的广阔思维方法。"我非常推崇他的这个观点，音乐和科学都要追求事物的完美，没有最好，只有更好。不论哪个行业，如果你懂音乐，你就可能在这个行业里头做得更好。

音乐与数学的联系更加密切。古希腊的哲学家探索宇宙的奥秘，发现了音乐和谐的秘密，星球运动的井然有序是因为它们的距离和谐，音乐的和谐则源自某个距离比。这启发了毕达哥拉斯，他经过实验和推算发现，当弦长比分别为 2:1（纯八度）或 3:2（纯五度）时，发出的音律更为和谐。

德国著名作曲家巴赫研究和创作的《十二平均律曲集》《哥德堡变奏曲》，同样是将音乐的和谐关系运用于实践，以契合数学中的对位法。他在音乐方面对数学的运用，达到了登峰造极的地步。

音乐不仅对科学研究有帮助，对于文学也很有帮助。文学家如果懂得音乐，他的作品可能会更美，他对人性、对社会的描述也会更美。

"如果我没有这样着迷于音乐的话，我不可能会成为小说家。"日本著名作家村上春树这样说。诺贝尔文学奖得主泰戈尔一生写过 2500 首歌，其中两首甚至作为印度和孟拉加国的国歌流传下来，很多音乐家可能都无法与其相比。你说他是文学家，还是音乐家呢？

音乐教育应与其他方面的教育协同发展

在当下，在许多地方的中小学里，音、体、美课程难以开齐开足，存在不受重视、被边缘化的现象，这里面固然有客观的原因，但我认为更主要的是功利的、短视的成才观、教育观在作怪，这必将给学生的长远发展留下"短板"。作为一个中学校长，我很重视音乐教育，清华附中也有重视音乐教育的优良传统。我认为，普通中学音乐教育的重点不在于培养音乐家，而是要激发、培养学生的音乐爱好。因为音乐教育与其他方面的教育是相辅相成的，培养学生的音乐爱好、提高学生的音乐素养，往往可以收到意想不到的效果。音乐教育的重要性体现在以下几个方面：

1. 音乐教育是创新力培养的重要组成部分。

提高学生的创新能力是当前教育改革的重要目标之一。创新需要想象力，而音乐能打开想象力空间，给人无限的遐想，不仅能培养人的想象力和创造力，而且能启迪智慧、放飞心灵，使人身心愉悦，使大脑处于更具创造力的状态。

我是一个数学教授。我自己就有过深切的体会，当我遇到某个数学难题的时候，有时会百思不得其解，这时候先放下来，听听音乐、散散步，可能就豁然开朗了。音乐，作为最富有表现力和创造性的艺术形式之一，不仅可以促进创新思维的发展，还有助于创新能力的提高，其力量是神秘而巨大的。

2. 音乐教育与德育相辅相成。

艺术教育与德育都能够帮助学生形成健康、向上的情感意识，使得学生向美、向善，具有同情心、同理心。加强音乐培养一方面可以促进学生身心全面和谐发展，提高学生的综合能力；另一方面可以促进学生形成完善人格，与思想道德教育相得益彰。

3. 音乐教育有利于提高学生的审美能力。

审美能力是综合素质和人文素质中的重要能力之一，音乐欣赏是艺术欣赏的重要途径之一，学生在欣赏音乐的时候，情感得到有效的抒发和升华，能够从音乐中领悟到不一样的意境美，对于提高审美能力有着显著的作用。

4. 音乐教育能增进学生对生活的理解。

音乐本身就是生活情感的高度凝练，音乐语言与文化潮流息息相关，在音乐欣赏的过程中，学生能够了解到丰富的文化生活，促进自身对文化生活的认知和理解。音乐的这些功能与现今跨界创新人才所需要的品质息息相关，其助力创新发展的作用不言而喻。

在未来人才培养上，音乐是不可忽视的一大因素。面对当今社会日益激烈的竞争，将音乐教育作为出发点，切实促进中学音乐教育的发展，形成跨界创新人才的培养体系，对于培养未来伟大的科学家、文学家、艺术家和各领域的拔尖领军人才，对于促进教育事业及文化产业的发展，都有非凡的意义和价值。

■ 链接

清华附中的音乐教育

清华附中历来倡导用艺术塑造校园，让艺术真正走进每个学生的心中。在清华附中，艺术综合课程加上"三团一社"以及学生自发组织的艺术社团，对学生的音乐教育覆盖面已经达到百分之百。

清华附中以国家课程为主体，与艺术节、班级合唱比赛相结合，在初高中开设了班级合唱课。在初中，除了国家课程体系中的音乐课以外，校本课程侧重于中国传统文化，开设了"戏曲入门""古琴""走进戏剧"等课程；在高中，除了必修和选修的所有模块课程开齐，还结合学校教师的特点和学生的需求，在模块里有所侧重，选择了一些主要的内容，比如音乐鉴赏。

在歌唱模块，高中开了班级合唱课，还有少数民族歌曲表演，这也是将现在的流行音乐和中国传统音乐相结合的一个重要模块。演奏模块中，主要开了"基础乐理"与"键盘演奏"这两门课程。目前学校有两个电钢琴教室，利用键盘让学生学习基础乐理。选修的学生基础相差较大，教师在教学设计上下了很大功夫，进行分层教学。音乐创作方面开设了"校园歌曲创作"，借助电脑作曲的方法来弥补学生不识谱、不会写谱的不足。

清华附中校级的艺术团有"三团一社"。"三团"包括金帆民乐团、舞蹈团（以特长生为主的女生舞蹈团和零基础的男生舞蹈团）、合唱团（高中的混声合唱团、初中的童声合唱团），"一社"就是音乐剧社。除了学校的社团，还有学生自发组织的艺术社团。

清华附中从 2003 年开始开设"音乐剧"校本课程，延续至今。课程以剧社的模式开展，学生根据自己的特长选择性地参与音乐剧的工作。所有音乐剧舞台的设计、道具服装制作，从排练到演出等，均由学生自己完成，学生在生动有趣的活动中，获得对音乐直接的经验和丰富的情感体验。音乐教育全方位培养了学生的艺术欣赏能力、表现能力、创造能力以及团队合作能力。

让美育直抵学生心灵

　　史铁生是清华附中的校友，是清华附中学生们熟悉又陌生的作家。说熟悉，是因为清华附中的学生总会学习史铁生的文章，阅读他的很多作品；说陌生，是因为他1967年从清华附中毕业至今已经五十余年。2010年12月31日，史铁生辞别人间之后，学生们只能通过文章和照片去了解他，再也无法与他面对面地沟通和交流了。但是这种跨越时空的精神交流，仍然在促进学生们不断提升精神境界，提升感受生活之美、感悟自然之美和创造生命之美的能力。

　　作为清华附中的校长，我也读过不少史铁生的作品，当然，没有我的学生们读得多、读得深，我也没能跟学生一起排练和演出《史铁生》这部剧。但是，我曾与史铁生当年的同窗、一起插过队的知青战友、生前好友、研究史铁生的学者等一同观看过学生的演出。学生们投入的情感以及他们的现场表现力让我深受感动，我也更加深刻地感受到，清华附中一直重视美育教育，不断致力于提高学生的审美能力和人文素养，这么多年的坚持，成效是显著的！一个人的审美素养和审美能力，对于他的视野、胸怀、修养、品格形成等等都是非常有影响的，在实现"为领袖人才奠基"这个教育使命的奋斗之路上，我们要更好地发挥美育的巨大作用。

在现实中，有一些美是很难用语言这一种形式完全表达的，他可能是需要静心品味的境界美，也可能是需要通过动作表达的行为之美，还有可能是蕴含在学科中的需要沉浸其中去享受的结构之美、逻辑之美。我是一名数学老师，我能感受到数学有简洁美，有严谨的美、逻辑的美和结构的美。如果老师们都能够在教育教学过程中，有意识地引导学生关注本学科的内在美，让学生感受到学习的愉悦，就更能激发学生的好奇心和学习热情。我想，美育的意义和价值也就体现出来了。

著名学者费孝通说："各美其美，美美与共，天下大同。"在学校的美育方面，任何一个学科、任何一种事物，都有美的内涵、美的成分。我们要引导学生去发现美，带领他们去欣赏美，使他们学会用美来涵养自己、改变自己，更让自己有能力创造新的美，让整个世界更美。

史铁生年纪轻轻就双腿瘫痪，他虽然失去了健康的身体，但是，从他的作品中，学生们却能感受到他强大的精神力量、健全的人格和不屈的拼搏精神之美。我认为，美育就是要塑造精神上全面健康的人，它是"立德树人"的很好载体和展现方式。

清华附中的美育教育，在音乐、科技、艺术等学科实施得非常好，在语文和英语学科，主要通过戏剧教育来展现。以前，教师们更多地指导学生们改编名著，表演名著，或者是学生自己创作，教师再加以指导和修改。最近，清华附中向东佳老师大胆地尝试自己创作剧本，并在剧中设置了"歌队"，这对语文学科老师来说，无疑是非常大的挑战。《史铁生》这部剧，受到了学生的欢迎，也受到了史铁生的同学、朋友和部分专业人士的赞扬和好评，参演的学生更是受到了深刻的教育，这是美育教育的又一次成功实践！

清华附中培养学生，就是要为学生提供能促进他全面发展，提高自己素养的环境和条件，美育更是如此。向老师自己，也成为了学校美育的教材，在他的影响下，创作、表演等素养，一定会自然而然地变成学生的素养和能力。教师自身成为美育课程，就更能带领学生把课程落到实处，让学生喜欢学，愿意参加活动，从而得到全面健康的发展。

向老师在《独立与超越——〈史铁生〉之舞台艺术》一书中，比较详细地讲述了自己创编剧本的经过和演出情景。我相信，每一个读过的人，都会和我一样，想亲眼看一遍学生们的现场演出。

希望这部剧，能成为清华附中的经典，让美育教育直抵学生心灵。

中国需要什么样的大学先修课程

近年来，我国教育质量稳步提升，实现了快速发展，对提升国民素质、促进社会纵向流动、服务国家现代化建设发挥了不可替代的重要作用。同时，我们也应该关注现有教育体制中存在的中学和大学教育的衔接、拔尖创新人才的培养和选拔、学有余力高中生的课程需求等方面的问题。这些方面的探索，将有利于推动基础教育改革，使教育教学质量进一步提高。

大学先修课程的价值何在

多年的教育教学实践经验告诉我们，在普通高中课程体系的层次性和设置的丰富性方面，有可能找到解决这些问题的突破口。

一个好的高中课程体系，要能满足不同层次学生的学习需求，不能浪费学生在中学期间的时间和精力，尤其是对于学习能力强的学生，一定要让他把自己的能力全部释放出来。我国高中课程体系中，必修课和选修 I 课程是统一的，选修 II 课程可以进行校本开发。这些课程往往无法满足学有余力的拔尖学生的学习和发展诉求，即便是优质高中，也很难凭一校之力，开设一系列满足拔尖学生发展需求的高水平选修 II 课程。

美国在上世纪五六十年代，也曾面临我们今天同样的问题。他们的解决思路就是创设了众所周知的大学先修课程。美国的大学先修课程不仅拓宽了学生的知识面，更体现了对学生个性的尊重，最大限度发挥了学生的潜能，在育人、选人方面发挥了重要作用，引领了基础教育的健康发展。美国这一经过时间检验的经验，非常值得借鉴。

在深入研究美国大学先修课程的基础上，清华附中在全国率先提出了中国大学先修课程的概念，初步设计了课程体系，目前已经在全国各地多所学校推广，形成了有中国特色的大学先修课程——专门为学有余力的高中生量身定制的介于高中与大学的选修课程。

在我看来，中国大学先修课程的价值在于以下四个方面：

其一，可满足优秀高中生志趣发展的需求。高中教育承担着学生实现自我认同、自我认识个性特长和初步确定未来发展方向的任务。在这个阶段，丰富多彩的课程可为学生认识自己的志趣、潜力和特长提供选择机会。学生可以根据自己的发展需求选修此类课程，加深自我认知，更早确立自己的发展方向。

其二，可满足优秀高中生能力发展的需求。高中阶段学生的差异已逐渐显现，但是学生学习的课程基本上是整齐划一的。这好比举杠铃，一个标准重量的杠铃，全国的学生都去举，有些学生根本举不动还在拼命举，有些学生能轻松地举起来也在不停举，结果造成后进学生跟不上，水平高的学生又吃不饱。我们需要为学有余力的优秀学生提供更具挑战性的学习内容，更好地培养他们的创造力和批判性思维。

其三，可进一步完善现行的高中课程体系。组织高中和大学里对拔尖学生培养富有经验的学者、教师开发大学先修课程，为高中提供高水平的选修 II 课程，可以弥补现有高中课程体系在层次性上的缺陷，完善中学阶段拔尖人才的培养体系，能让学生尽早了解某一学科的本质、思维方法及该学科最前沿性的知识，引发其对某一个学科产生兴趣，促进其学科素养的形成。

其四，可为大学自主选拔人才提供重要参考。高中拔尖学生在进入一流大学之前，在学习方式、思维方式和研究能力素养方面的发展严重不足，许多学生都在进行着重复性的简单训练，严重影响学生创新能力的发展和培养。另外，一流大学在选拔招生时过度依赖考试分数，缺乏更有参考价值的人才选拔依据。中国大学先修课程使学有余力的高中生有机会学习接近大学水平的课程，其学习情况可以作为一流大学自主选拔人才的重要参考依据。

中国大学先修课程的"中国特色"体现在哪

中国大学先修课程虽然借鉴了美国大学先修课程的建设思路，但是，应该立足于中国的教育实际，进行具有中国教育特色的独特设计。

从课程定位上来说，大学先修课程不是大学课程的直接下放，而是专门为学有余力的高中生量身定制的介于高中与大学的衔接类课程，应该在充分了解国内高中生认知特点和知识起点的基础上，邀请大学教授和中学教师共同研发，而不能简单地将大学课程移植到中学，通过一味地求深求难来提高教育质量。大学先修课程与现有高中课程体系应该既保持相对独立，又有创新融合。

从课程类型上来说，在新高考改革背景下，大学先修课程的规划不仅应该包括学术志趣类课程，还应包括素质拓展、专业导论等类型的课程。在新高考改革背景下，学生应试压力减轻，全面素质发展的空间增大；科目之间选择权增大，但科目选定后变更代价大，进入大学后转专业变得更加困难；学生的专业意识加强，但专业选择的压力变大。所以，大学先修课程应该规划一些通识类课程，诸如素质拓展类和专业导论类课程。需要说明的是，素质拓展类和专业导论类课程是美国大学先修课程不具备的。通过这些课程可以满足优秀高中生志趣和能力发展的需求，同时提高学生的核心素养，满足学生对大学及报考专业进行了解的需求。

从教学实施模式来说，慕课实现了信息技术与教育教学的深度融合，使传统课堂的教学模式通过信息技术得到了延伸。基于慕课开发的大学先修课（即 MOOCAP）有利于促进教育公平，构建一个"人人皆学、处处能学、时时可学"的学习型环境。中国幅员辽阔，各地差异巨大，学校可根据自身师资力量情况，通过线下、线上（慕课）、线下与线上相结合等多种形式灵活开展大学先修课程教学工作。

中国大学先修课程建设应注意哪些问题

要让好的初衷得到好的结果，避免走入误区，在实施过程中，必须注意四个问题。

首先，要明确课程定位，不能盲目扩大范围。大学先修课程是针对那些"吃不饱"——学有余力、学有志趣、学有专长的拔尖学生而开设的，不是针对所有学生的。这部分学生只占少数，他们对自己有更高的要求，为这部分学生提供平台，用课程作支持，可提高其进一步学习、研究的能力，为学生进入大学做好衔接。当学校提供的课程能匹配他们的学习需求时，他们身上过剩的能量得到激发，而不是无处施展，这就不存在增加学习负担的问题。如果不顾课程定位，盲目扩大到全体学生，就会给多数学生增加学业负担，适得其反。

其次，要加强顶层设计，避免盲目建设。开设大学先修课程的学校应建立大学先修课程学术委员会，立足于中国的教育实际，由学术委员会的专家提供专业指导，构建课程体系的框架，并邀请各学科的专家制定相应学科的课程大纲，还要制定规范合理的课程研发申请流程，根据实际需求的紧要程度，分期分批进行建设，切不可为了快速推进，在没有充分论证的情况下盲目建设。

再次，要大学与中学携手探索，避免大学或中学单方建设。既然大学先修课程课程是大学与中学衔接类课程，就需要充分考虑中学生的认知特点和知识起点，单纯由大学教师进行课程研发，容易导致中学生学起来吃力、跟不上，如果只是中学教师进行研发，课程的学术性又难以保障，所以必须由大学教师和中学教师共同研发，才能保障课程的学术性和衔接性。只有大学和中学共同参与课程建设，才能实现二者对人才的协同培养，真正落实贯通教育的理念。

最后，不能操之过急，要避免只看结果利用而忽略育人价值。大学先修课程目前尚处在潜心建设、重在探索的阶段，各方更应该把大学先修课程的建设以及它对创新人才培养的作用作为关注的重点，待时机成熟后再探索在高校招生录取、人才选拔方面的参考作用。我们应该为大学先修课程的成长及其体系的成熟提供空间，而不应该操之过急。

■ 链接

清华附中的大学先修课程

清华附中一直在探索拔尖创新人才的培养模式，曾经开办了"教育部全国理科实验班"和"一条龙实验班"等大中衔接的班型。在总结成功经验的基础上，参考美国大学先修课程的设计思路，清华附中首次提出了中国大学先修课程的概念，并于2010年3月建立相关研发团队。2014年4月，课题"中国开设大学先修课程的理论与实践研究"获教育部社会科学司批准成为该年度教育部哲学社会科学研究专项委托项目。学校立足课题，依托中国教育学会和教育部在线教育研究中心，进一步在全国范围内开展了中国大学先修课程的线下与线上（慕课）的试点工作。

清华附中倡导建立了中国大学先修课学术委员会，由各学科分委员会专家制定相应学科的课程大纲，规划了学术志趣、素质拓展、专业导论三类课程。目前已开发了微积分、线性代数、概率论与数理统计、物理（力学）、物理（电磁学）、微观经济学、通用学术英语、文学写作、大学化学、普通生物学等十多门先修课程，并出版了相关教材。

2014 年 4 月开始，清华附中联合中国教育学会，在全国范围内遴选了近百所知名高中作为试点学校，并组织大学和中学教师进一步开发课程。截至目前，全国已有几百所优质中学共同参与中国大学先修课程线上和线下的建设。清华大学、西安交通大学、中国人民大学和华中师范大学等高校已完成中国大学先修课程的学分认定工作。

PART／3

第三辑

创新教学与管理:
以学生素养为导向

课堂教学改革不能照搬"模式"

当下中国，一个众所周知的现实是，所有课堂教学方法之间的差别都很小。老师们都很传统——无非集体备课，统一上课，可能有些人操作起来会稍微有点个性，但基本上大家还是比较一致。比如各学校都有备课组，统一规划授课内容，老师们的教学节奏差不多，讲的东西也差不多，甚至有的备课组还有人专门做了课件，供大家在课堂上统一使用。

相信大家都已经注意到了这种现象的不足和不科学之处，所以，现在涌现出许多基于课堂教学方式的创造性尝试和流派。其中，有很多教学模式在全国叫得出名，流行也很广泛。但我个人觉得，在教学方式、课堂教学组织形式方面，有一些不是很好的倾向和现象值得我们关注。

我们过于重视方法。其实任何一种方法的产生都有它的根源：第一是基于学生的状况，第二是基于教师的状况，第三是基于教学内容的状况。如果不考虑这些因素，而是盲目地照搬或者无限制推广的话，势必带来教师操作的不科学和不适应。因为你的学生不是他的学生，你的老师不是他的老师，所讲的内容也不见得相同。故此，我反对不加思考地照搬或者推广一些所谓的教学模式。当然，我不是反对某个教学方法本身，也不否认某个教学方法可能在其产生地发挥了很大的作用，我反对的是用一种教学方式去统治整个区域或者所有课程的教育。

每一种方法只要被固化，就必然有了其局限性，没有一个是能够对所有问题通而用之的。教学一旦被某个模式固化，就失去了活力。

那么我们怎么去对待或者思考时下非常流行的一些模式及方法呢？我认为，我们应该更多地学习创始人在建立这样的有效教学模式过程中是基于什么样的思考，学习他创设这些教学方式的思想方法。我们可以用同样积极主动的思考，去研究、实践，从而基于我自己的三个维度——基于我自己的课程、基于我自己的特点、基于我自己的学生的情况，创立出属于我自己的教学方式。而且这个方式还不能一学期从头用到尾——若要基于教学内容，可能这种方式在这节课上还比较适合，而下节课就不适用了。所以，方式一旦被固化、被模式化，就丧失了其活力和生命力。

看到从传统媒体到网络再到各种会议都纷纷大力推广某种模式的热闹景象，我觉得要对热点进行冷思考，要挖掘这种方法诞生背后的思维方式，而不是模式本身。我们在学习任何一种教学方式的过程中，一定不能"目中无生""目中无师""目中无识"。

对于现在过分追捧或者推广一些所谓的这种模式、那种模式，我有一些担忧。实际上每一种方法只要它在那个地方有效，学生发展得好，都值得尊重，值得学习。每一种方法都值得借鉴但绝不宜照搬，无论是国外的方式方法还是国内的方式方法，我们任何时候都不能照搬，只能借鉴。

充分发掘学科的育人功能

讨论基础教育的时候，我认为，有三个方面的问题是不能回避的。

首先，在课程体系的设计方面，我们现在应该弱化刚性，增加弹性，更有层次性，增加满足不同学生发展需求的课程。我们现在对国家的课程体系过分强调统一、刚性，使学校无法真正实现个性化、特色化和多样性发展——若要实现这些，最主要的就是让学校在课程开发上有自己的权利，使得自己的课程更具活力。

其次，经过这几年对国家课程的深入研究，我发现有两个不足的地方，下一轮高中课程改革、国家课程标准的调整应该予以重视。

一是我们的国家课程忽略了跨学科的、交叉学科的综合类课程。世界上一些著名教育家指出，综合类课程对拔尖创新人才培养有十分重要的作用和意义。在中学阶段必须有一些跨学科的、交叉学科的课程，希望新一轮的课改能够增加这样的课程。

二是我们的国家课程往往是基于学科体系的。一个完整的学科体系——从概念到知识体系，非常具有系统性。但是，我们却忽略了一种非常重要的课程，那就是基于项目和主题的课程。比如说物理学科的学习，现在只是讲概念、讲实验现象、讲一些定律，然后教大家怎么运用——这实际上是基于逻辑体系和知识体系的一种教学方式。而知识的发明过程不是这样的，知识在一开始总是零零碎碎地被人们发现，后来经过科学家、教育学家的整理才变得系统化。今天的教学，从培养人才的角度来讲，应该在某些学科或者某些方面尽可能地重视基于项目的、以探究为方式的课程，重视并做好这类课程的开发。因为传统的课堂很难让学生参与研究、探究。简单的你问我答，不是真正的参与。

最后我认为，国家课程一直缺少的东西，就是德育，包括思想品德教育、爱国主义教育。这是我一直思考也特别重视的一点。我们仅仅把德育的内容本身课程化或者活动化了，而没有基于学科教学进行系统设计。学科德育是非常重要的，老师在讲到学科的文化、历史等方面的时候，可以结合学科特点，进行非常好的思想品德教育。我们可以结合学科列举很多生动的例子，让学生们懂得，其实品德比知识更重要。现在，国家课程没有深度挖掘不同课程、不同学科里的德育元素，学科老师也认为学科教学就是教知识，和育人没什么关系。我们现在要真正做到让所有学科都在育人过程中发挥作用，构造立体化、全方位的育人体系，而不是仅仅举办一些德育的课程或者活动。在学科教学中挖掘德育元素切忌搞教条、搞说教，要"润物细无声"。如果老师们积极主动地思考，一定能够发现在哪些地方可以借着知识内容进行品德教育。比如说我在大学教学的时候，就在课程最后对学生们讲："同学们，我们这个学期讲了很多用人名命名的定理，但是你们注意到了吗，所有的人名都是国外的，有美国的、欧洲的，我们整个学期学下来，就没有看见一个用中国人的名字命名的定理或者公理。这个事实说明，我们国家在这些学科的发展过程当中并没有做出突出贡献，说明我们国家过去对科研不重视，发挥的作用也不够。你们这一代，今天能够有这样好的条件，应该有责任感或者爱国意识，将来一定要在自己的领域里做出贡献，希望将来也有用中国人的名字命名的重要结论！"其实，这也不算是什么带有德育标签的话，但对于有些学生来讲确实起到了作用，这些话可能影响一部分学生未来的理想。

综上所述，我们应该在课程改革的过程中，更多地挖掘课程的潜力。现在存在的问题，一是在培养学生方面没有层次、适应性不够；二是缺少真正培养学生创新能力的综合类课程，需要建立基于项目、主题的课程；三是我们对学科的德育功能挖掘得还很不够。这些都应该是新的课程改革中应该关注的地方。

正确认识其功能是英语教改的前提

　　说到英语教学，现在有一个众所周知的问题：学生花在英语上的时间非常多，甚至比学母语投入的时间更多，很多学生从幼儿园一直到大学再到工作阶段都要学习英语。英语真正实现了所谓的"终身教育"。无论是职业教育还是评职称，都得考英语，但不是哪种考试都要考汉语。我们中国人学习英语，不仅年限长，每个阶段还要花特别多的精力，但是最终的效果非常不理想，许多人学完之后既听不懂又不会说，也不会写。不会听、不会说、不会写，就完全没有达到学一门语言最基本的要求。

　　由此可以说，我们英语教学改革相对比较失败，当然可能也有一些学生学得不错，但是就全国总体而言确实效果不理想。教育界对这个问题有共识，但是，说到原因，大家的分歧就比较大了。有人分析说，我们只需要把分数降下来，让大家对英语别那么重视就好了。这简直就是一个教育的笑话，我们不可能通过降低大家对英语的重视程度来使学习的效果变得更好，我认为这毫无逻辑关系。

　　那么问题究竟出在哪里？从全世界的角度来看，很多将英语作为第二语言的国家不让自己的学生学这么长时间的英语，但是效果却非常好，这究竟是什么原因？我认为是我们的课程设计和教学方式出了问题，我们把英语当成一种语言学来学，而不是当成应用的工具来学，所以学的语法、词汇过多，但是对于听力、口语方面强调得不够，严重脱离学生实际，使得学生们没有很好地掌握作为非母语的英语的学习规律。故而，我们应该降低英语考核在知识性上的要求。然而，难度的降低并不意味着我们要减少花在上面的时间，减少时间并不是提高效率的关键。最关键的还是改变教学方式，在教学过程中要更加强调培养学生的听说能力。在写作方面则建议分出层次，由于未来的专业方向不同，不同学生对英语的需求是不一样的。我们现在一味地追求高难度，实际上是不科学的。英语课程应当具有层次性设计，对于未来要从事一些前沿性的国际化研究的人，要接触大量英语文献，可以让他们学难一些的内容，而对于未来不从事英语相关工作的人，应该降低要求，学会日常交流用语即可。

有一种观点认为：不必让所有人都来学英语，一部分人学就行了，能不能把英语作为一门选修课？对这一点我也是非常反对的。现在世界公认，全世界讲汉语的人最多的，但是讲英语的国家最多，绝大多数重要的科学文献等文件还是用英语来发表的，所以从追求科技强国的角度来讲，英语毫无疑问地要作为我们的一门重要的必修课，英语课绝对不能取消。

有一种观点，认为学习语言就是掌握一种交流工具，这是无可厚非的，交流确实是语言的第一大功能。然而，在工具性功能之外，语言还有文化性的功能。语言的载体实际上是文化，任何一种语言都是用自己最能代表的国家或地区的文化作为载体的，学语言的过程中我们能够了解一个国家国民的生活方式、思想传统和这个国家的文化、历史、政治、地理，等等。

语言在文化上的功能是非常重要的，在跨文化国际化交流的今天，学了一门西方的语言，就等于为自己打开了一扇了解西方文化的窗口。如果我们在教学中忽略了这一功能，那么这个功能也就被削弱了。

语言学习的另外一个重要功能，是对逻辑思维的训练。语法、句法、修辞方法、文章修辞习惯等，无不透出逻辑。在法国没有哪个地区讲拉丁语，但是法国的精英教育中一定要教拉丁语，为什么呢？因为他们发现凡是拉丁语学得好的孩子一定有非常强的逻辑思维，拉丁语教学对培养逻辑思维是非常有帮助的。

这就是我对英语教学的一些看法。首先，我们应该解决的，是学生学了这么长时间却效果不佳的问题，而不是单纯地把学习时间压缩甚至把学科去掉；其次，我们在重视语言学习的同时，不能简单地将英语工具化，让学生在学习语言的同时，错失了了解外国文化和发展逻辑思维的机会。

深化基础教育教学改革需采取九大行动

在推进课堂实践变革中，部分基层教师尤其是高中教师往往存在知行不一、标径不合、取舍不妥、动静失策、收放失当、难易失衡、进度缺统筹、对话缺深度以及评价缺引导等诸多问题，需要在变革中有效解决。

改进课堂行动，不断超越自我

要把课堂实践变革变成自觉的教学行为，除了需要不断更新观念外，还必须在反思中逐渐改进教师固有的教学行为。而改进行为的关键是相信学生的学习潜能，进而做到"有所为有所不为"，把能"为"的事情做好，切实解决教学中的关键问题，力争做到学生自主合作学习能完成的任务，教师绝不包办代替，学生独立思考能解决的问题，教师绝不包办代替。

课堂实践变革是一个开放的体系，在教学实践中，教师要根据学科特点和学习内容不断调整与完善，而不是拘泥于固定的格式。但在推进课堂实践变革的初期，教师先要模仿已有的比较成熟的模型进行实践，等自己熟悉这种变革的方式后，再尝试超越、突破现有的模型，进而逐渐创造自己的认知和行为系统。

教师专业成长的关键是反思。在课堂实践变革中，教师需要从改进学习目标、实现路径（尤其是课堂流程）和关键问题入手，随时反思自己的教学行为。简单可行的办法是，每天思考以下问题：今天还有哪些代替学生思维或学习的行为，该怎样改进？只要每天在实践中改进一点点，就会逐渐改变固有的"教为中心"的教学陋习，实现对自我的超越。

坚持目标导航，规划实现路径

推进课堂实践变革，要努力做到"目标有层次，路径有指导"。要按照学生的层次，设置不同层次的学习目标：一是所有学生通过自主学习能够达成的基础性目标；二是涉及学科核心素养、大多数学生能够达成的拓展性目标；三是学有余力的学生能够达成的挑战性目标。

不同层次的目标，需要不同的路径来达成。这就需要教师给学生"绘制"实现不同层次学习目标的"学习地图"，引导学生按图索骥，达成各自的学习目标。基础性目标主要在课前完成，课堂上只需要适当提问和检查即可。挑战性目标主要在课后完成，课堂上教师只需要进行适当点拨和提示即可。课堂上，教师要把主要精力放在与解决拓展性目标有关的关键问题上，每堂课完成这部分任务所需要的时间不应少于2/3。为此，课堂流程应该围绕解决涉及拓展性目标的关键问题展开。

必须说明的是，学习目标与实现路径一定要相互对应。虽然课堂实践变革对实现路径有相对明确的要求，但教师在规划实现路径时，必须考虑完成不同层次学习目标所需要的时间，灵活、有效地安排各个流程的时间和完成相关学习目标的活动，不要生搬硬套。

整合学习内容，落实因材施教

学习目标必须根据学情进行合理取舍，而不是过分强调课程、教材的要求。对于学习基础较差的班级，教师一定要大胆取舍，将不影响后续教学的过难学习目标和内容暂时放在一边。对于学习能力较强的班级，要设置适当高于考试要求的评价和创造类目标，以激活这些孩子的学习能动性。

规划实现路径特别是课堂流程时，要合理安排自主学习、合作学习以及教师及时点拨所需要的时间。需要强调的是，不能让教师处于从属地位，不要以为合作学习能解决一切问题，不要把所有问题都拿来讨论，要在不断强化学习型小组建设的基础上，充分发挥教师的引导作用，运用多种学习方式开启学生的思维大门。

课堂讨论交流的内容必须是与本节课学习内容有关的关键问题。因此，课堂讨论的问题不是越多越好，学生自己一看就懂的问题不用讨论，课本上有明确答案的问题不用讨论，基础性目标涉及的问题不用讨论，少数学生不懂且不关键的问题不用讨论。一节课原则上最多安排三次讨论和交流，否则讨论交流过多，就会导致课堂任务难以完成，特别是学习任务比较重的高中学校，更是如此。

留足思考空间，促进深度学习

没有学生学习活动的课堂，是死气沉沉、无法调动学习积极性的课堂。相反，学生活动过于频繁，不给学生充分时间冷静思考的课堂，则是没有深度学习、不能实现有效学习的课堂。

静并不意味着"教师认真讲，学生安静听"，而是要给学生充分安静思考问题的时间和空间。学生思考问题的时间和流程不必严格限制，何时思考、思考时间长短由教师根据实际需要灵活掌握。但每次安排交流、讨论前，必须给学生留出冷静思考的时间，否则讨论、交流就是低层次的，没有实质意义的。

深度学习需要有深度思考，深度思考需要提出有价值的问题。没有冷静思考，就无法提出有价值的问题，也就无法进行有效的讨论和交流，更谈不上深度学习。反之，没有深度交流和讨论，思考只能停留在浅层次上。

建立信任机制，放手发动学生

放手是为了激活学生的思维，提高学生学习的主动性，而不是放任自流。放手的前提是课堂规范和习惯的养成，没有有效的课堂规范和严格的课堂习惯，一切课堂实践变革都会流于形式。为此，在所有任课教师的参与下，班主任引导学生共同制定行之有效的课堂公约就成为课堂实践变革的应有之义。

放手体现了对学生的充分信任，这种信任是建立在每个学生都是"二表人才"（爱听表扬的话、爱表现自己）的基础之上的，这种信任是建立在每个学生都希望自己更加优秀的基础之上的，这种信任是建立在每个学生都有一定的学习潜能的基础之上的。没有学生不想成为优秀学生，关键在于教师是否充分信任学生，并为之营造了支持性的成长环境和氛围。

放应是有序的，收应是有效的。放手不等于不要适当的收敛。在放手发动学生进行自主合作学习时，教师要及时引导学生通过自主合作等途径进行思维收敛，对所学知识进行系统归纳和提炼，进而使学习内容结构化、系统化。学习内容结构化、系统化，有助于学生对知识的内化，有助于完善学生的认知体系，有助于促进深度学习，教师应该不遗余力予以强化。

合理安排进度，适应变革需要

教学进度必须服务、服从于学的进度，这是教学的基本原则之一。大多数学生无法达成学习目标，只能导致达不成目标的学生对学习产生畏难情绪。只有大多数学生能达成学习目标时，才能保证后续教学的有效性。

开展课堂实践变革初期，教师不能按照以往的要求过分强调教学进度，而是要给学生和自己适应的时间和周期。原则上，推进课堂实践变革至少要有一个月的适应期，否则可能会导致学生对新的教学方法的反感，也会加大教师对课堂实践变革的担忧。因此，在推进课堂实践变革时，学校一定要根据学情和师生适应有一定周期的实际，适当降低对进度的要求，给师生留出适应变革所需的时间和空间。

有效率的慢胜过低效率的快。虽然练习和复习能部分解决进度过快导致的教学效率不高的问题，但关键还是在于课堂本身的效果。课堂上没有解决好的问题造成了"夹生饭"，课后练习和复习也很难完全解决。对于基础较差的班级而言，甚至可以允许教师在一定时间内不能完成教学进度，当这些学生具备一定的学习基础和能力、对学习产生强烈的兴趣时，再考虑逐渐加快进度。一些学校和教师的实践表明，三年只完成两年的进度，学生对学习内容掌握程度好，胜过完成所有进度达到的效果。

促进难易转化，实现化难为易

课堂实践变革初期，受思维定式的影响，大多数教师实践起来会有一定的难度。因为从一定意义上来说，课堂实践变革首先是教师的自我革命。随着时间的推移，当教师逐渐习惯了这种教学方法，而且相互之间实现了资源共享时，变革的难度就会逐渐降低。因此，教师要克服本能的拒绝心理和对变革的畏难情绪。

学习的难与易从来都是相对的，教师的教学基本功之一是让学生感到学习不那么困难。为此，教师可以通过复杂问题简单化的方式来解决问题：把复杂问题分解为若干简单问题，让学生各个击破，再引导学生尝试解决复杂问题。也可以把简单问题复杂化：把简单问题逐渐演变为复杂问题，让学生在不知不觉中学会解决复杂问题。

教师要超越教学的难易关。对于学生而言，在解决简单问题过程中会累积学习的兴趣和成就感，有利于培养学生学习的兴趣。当学生解决问题的能力提高后，再逐渐加大难度，学生就不会对难题望而却步。

加强科学引导，培养创新思维

引导而不是代替学生思维，是课堂实践变革的又一重要原则。引导学生学习，需要制定以问题为导向的有效预习指导案，包括以前学过的与本节课有关的预备知识以及本节课学生自学可以完成的与基础性目标相关的内容。原则上，学生每节课前的预习时间不超过 15 分钟，否则会进一步加重学生的课业负担。

课堂教学中，不代替学生思维的有效办法是点拨，即通过有效的提问，引导学生从自己熟知的与未知领域相关的问题入手，尝试解决未知的问题、进入未知的领域，再总结形成一般结论和规律，然后运用于解决其他类似的具体问题，并进一步完善结论和规律，从而有效培养学生的创新思维能力。

对话不是你问我答，而是建立在师生民主、平等氛围基础上的交流与质疑。引导学生思维，必须创造对话所需的适宜的氛围和条件。为此，教师不应居高临下提出问题，而应基于学生的有效预习和自主学习，引导学生大胆设疑，并与其他学生、教师进行双向探讨和交流。

尝试先扬后抑，激励延伸学习

评价学生的课堂表现，不是教师的特权。教师应当引导其他学生参与到课堂表现评价中来。在评价学生的课堂行为时，教师要采取"先扬后抑"的话语体系对学生的表现进行激励。这种体系的一般句式是：某某同学的表现值得肯定，主要表现在以下几点……假如再在下列几方面有所改进就更加优秀了……

点评完学生的表现之后，教师要通过持续追问、反问和点拨，引导学生深入思考，不断完善对问题的认知，逐渐指向问题的本质和关键，形成对问题的系统思考，并最终培养学生的系统思维能力。为此，教师应该学习思维科学的基本知识，并将其自觉运用到课堂实践变革中。

教师对学生课堂行为的评价，要引导学生自觉延伸思考，帮助学生比较不同知识的异同，逐渐建立不同知识之间的联系，逐渐在脑海中构建"知识树"，并通过思维导图使知识更加有条理、更加系统。

多元教育教学方式助力高中育人模式转型

近年来，教育部针对落实立德树人的根本任务，阐明人才培养应以核心素养为导向，引领和促进学校学习方式和育人模式的根本转型。育人模式的转变是教育改革和高中课程改革的重中之重。伴随着各种教育教学方式的改变，教育改革和高中课程改革带来了从学校管理到学校设施设备完善再到教师队伍建设等一系列的改变，其中最重要的就是育人模式的转变。育人模式的转变需要强调三点，首先是要重视问题的解决，其次要着眼于学生综合素养的培养，最后要重视动手实践能力的培养。

清华附中一直以注重培养学生全面发展、个性发展，注重培养拔尖创新人才为育人理念，以育人为中心、学生为主体、为了每一个学生的个性自由全面发展为办学理念，这与教育改革的重点不谋而合。

对于学生的培养，如何能够针对学生的发展特点，在满足国家课程要求的基础上，给予学生前沿性、综合性、现实性的知识，保证不同天赋、兴趣、需求的学生能够个性化发展，激发他们的创新意识和创造力，这是需要我们持续思考的问题。

"互联网＋教育"推动教育变革

互联网既为教育带来了机遇，同时也带来了挑战。不论技术如何发展，教育都将是实践性的学科。只有分别与课程、学习、评价、教学四个方面相结合，才能更好地运用互联网技术去改革教育。互联网时代，学校教育将实现学校平台化、教师创造化和学生个性化，同时利用信息化实现资源多样化、发展自主化和学习个性化。

"互联网＋教育"的核心在于教育，互联网和现代信息技术为我们原本的教育教学模式和思路方法提供服务，辅助教育教学管理，对教育起到了很好的促进作用。信息技术的到来，也让教师的教学方式更具有选择性。在清华附中，老师们利用慕课、微课、移动学习等方式进行教育教学，使教学资源更加丰富、教学内容更加生动具体，更利于学生理解与记忆，提高了课堂教学效率。同时，信息化的教学方式让老师们可以对学生进行个性化的培养。

清华附中基于实际需求开发的空中学堂平台，可以辅助学校进行选课、排课、选科、成绩管理及教育教学，可以为学校提供教学、管理、学习和活动等方面的服务，让老师们能够利用系统实现在线教学、学生活动、教务等方面的高效管理。教师可以提前在平台上传课程信息，布置课前阅读及作业，引导学生在线进行课程预习，教师可以实时、精准地查看每位学生的学习时间、学习范围、学习程度以及疑问困惑，根据班级内学生情况进行线下课程的讲解，并针对重难点进行专题解析。信息化平台使得教师教学实现了真正的个性化管理，可以优化教学设计和教学过程，也可以开展作业、自测、主题讨论等教学活动，同时也实现了信息化成果的共享。

借助空中学堂平台，教师可以灵活设计自建课程，可以面向学生开放，也可以面向教师开放，从而适用于学生分层教学及教师间的学习交流与培训。通过空中学堂平台不仅可以实现本校教师间的集体备课、教学研究，还能实现校际之间的远程互动直播教研，促进校际交流、共同提升。互联网使知识文化传播的速度更快、范围更广、选择更便捷、内容更丰富，在一定程度上改变了教育的形态，同时将现代的信息化、数字化、智能化技术与教育相融合。教育信息化为学生获取学习内容和教学资源提供了便利，但更重要的是要让教育内涵在教、学、评等方式上得到更深层次的提升。虽然互联网发展迅速，但是教育颠覆性、本质性的改革尚未到来，在核心素养的目标体系中，如何培养和评价才是核心和关键。

构建综合素质评价方案，适应高中学生发展需求

我国基础教育的问题，表面上看是培养的问题，其实根本原因是评价和选拔的问题。评价是选拔的依据，所以评价成了最关键的问题。自 2014 年以来，国务院、教育部接连发文，对学生综合素质评价工作提出明确要求。学生综合素质评价是对学生全面发展状况的观察、记录、分析，是发现和培育学生良好个性的重要手段，是深入推进素质教育的一项重要制度。全面实施学生综合素质评价，有利于促进学生认识自我、规划人生，积极主动地发展；有利于促进学校把握学生成长规律，切实转变人才培养模式；有利于促进评价方式改革，转变以考试成绩为唯一标准评价学生的做法，为高校招生录取提供重要参考。

清华附中自 2009 年开始构建学生综合素质评价方案，始终把促进学生全面而有特色发展作为综合素质评价工作的出发点和落脚点，采取自下而上的方式对学生成长过程中的各个方面进行观察、记录、分析，综合考查学生全面发展情况，以事实为依据，客观记录和评价学生成长过程中的发展状况和突出表现，从中挖掘学生未来的发展潜能和倾向，为每一个学生的个性、自主、健康和全面发展创造有利条件。学生综合素质评价方案把共性和个性的活动都纳入其中，根据大量的学生行为记录、过程积累和发展变化，生成学生综合素质过程性、发展性的评价报告，对学生进行多元化的评价，基本解决了学生日常记录缺失、个性发展不足的问题。同时，综合素质评价方案能够对学生进行阶段

性评价，这对于引导教师关注学生学习和成长过程，促进高中教育科学发展，促进基础教育质量的提升具有重要意义。

随着新高考改革不断推进，综合素质评价作为升学考试的重要依据和参照，作用日益凸现。清华附中学生综合素质评价方案能够引导学生关注自身发展，发掘自身潜能与特长，逐渐寻找到自身生涯发展的方向，不仅对学校的教育教学起到极大的促进作用，还能较好地帮助教育主管部门做出更为科学的教育决策。学生综合素质评价方案紧跟教育改革政策要求，契合高招需求，能够有效解决高考升学过程中的诸多难题，实现了学生发展和学校教育教学管理、上级学校人才选拔、主管部门进行区域教育管理的多方共赢。

截至目前，清华附中学生综合素质评价方案先后获得了"中国教育创新成果 SERVE 奖"、北京市基础教育教学成果奖特等奖和基础教育国家级教学成果奖二等奖。同时获得了全国教育科学规划课题、教育部原基础教育二司的专项委托课题、北京市教育委员会重大课题、北京市社会科学基金重大课题和北京市经济和信息化委员会重点支持项目等课题与项目的大力支持。

学生综合素质评价方案的衍生系统已被北京市、黑龙江省、贵州省、青海省等多地教育厅采用，在当地高中正式使用，并与陕西省、河南省等地达成了深度合作意向，积累了丰富的实践经验。

重视多样化综合培养，满足学生个性发展

为了满足不同学生的需要，清华附中构建了以核心课程为中心，衔接课程、生涯课程、综合课程和社会实践课程紧密围绕的多层次、立体化特色课程体系。清华附中通过整合、压缩、拓展和个性化的设计，将国家课程进行校本化，高质量地完成国家课程，同时尽量满足不同学生的需求。所有课程可以概括为基础类课程、拓展类课程和研究类课程三种，其中基础类课程为学生提供基本的知识供给，同时可以促进学科质量的再提升；拓展类课程具备承上启下

的作用，注重个性需求和人员选拔，丰富课程体系；研究类课程为有潜质的拔尖创新人才创造条件、搭建平台，满足这类学生的个性需求。

学校还开设各类综合实践课程、学生自创课程、领导力课程、国际课程、大学先修课程等，根据课程情况面向不同年级开设。基于学生对于课程的选择和后期学习情况，发现他们不同的天赋、兴趣、爱好和潜力，从而因材施教。学校通过灵活的教学方式，使学生在学校得到充分的发展，能够在知识体系外，在现实生活中，利用不同学科的知识解决一个个综合的问题。这些课程的开发，基本满足了学生的个性化需求，拓宽了学生的视野，培养了学生的创造力和实践能力，同时促进了学生综合素养的提升。

此外，为了推动教育国际化，清华附中将国际上先进的教育方式、理念、课程、实验室、培养模式等引进学校，重视学生在科技教育方面的培养，搭建国际先进的实验室，与科技教育在国际上名列前茅的学校进行校际交流，致力于培养学生的创新思维和批判性思维。同时，学校引进 STEM 教育，主要通过学科核心概念理解与运用、科学探究方法培养与提高、跨学科思维能力培养与运用、创意设计与工程实现四个方面来全面发展学生的多种素养和能力。STEM 课程，可以说是现在各学校争相开设的课程，它最重要的特点就是跨学科、多学科的融合，通过项目驱动的教学方式，让学生在解决问题的过程中学习。

对于教育，我们都有共同的目标，希望能培养学生正确的价值观、优秀的品格、出众的才能和健康的体魄。利用互联网时代的丰富性，学校能够根据学生个人禀赋的不同、潜力的不同和对未来人生目标追求的不同，创建多元化的教育教学方式，为学生提供多样化的课程选择。只有让学生具有更多的选择性，才会有个性化教育的可能性。可以预见，只有通过多元化、个性化的教育教学方式，做到育人模式的根本转型，才能更好地提高学生的综合素养和创新实践能力，达到培养学生的根本目标。

如何建立科学的学校评价和评估体系

目前，在教育界，有一个尴尬的局面：政府其实并不愿意把升学成绩、考试结果作为评价一个学校的标准，但是社会、家长和老师又没有别的方式可以评价——换句话说，我们的政府或者教育行政部门、教育研究部门并没有建立起一套比较有权威性的、社会公认的评价学校的体系。

我认为，我们现在的督导体系和评价体系是两个不同的概念：督导，是政府对学校底线性的要求，是对学校贯彻落实素质教育、落实课程、学校管理情况等办学行为方面的要求。督导的任务，就是看学校有没有突破底线，是不是按照要求办学，这是一个考查学校的规定动作完成与否的体系。但是，至于学校对规定动作是超额完成还是基本完成，是完成得良好还是完成得优秀，这就属于评价和评估的范畴了。

对学校，我们要用一套科学的体系来评估。看一所学校办得到底怎样，肯定不能简单地用升学成绩来评价——这就是今天导致我们盲目追求生源与成绩、导致应试教育盛行的原因之一。所以，我建议重新设立两个体系：或者把现在的督导体系改成两个体系，或者充分利用现在的社会化机构，让它们一个完成督导的任务，另一个建成科学的评价与评估体系。这样的体系，基于学校现代管理制度，是科学完善的，维度可以很多，评出来后结果可以向社会公布。

怎样的评估标准才算好呢？让素质教育多占比重，将考试结果的比重降低。建立这样一个评估和评价体系是很重要的。

此外，我从清华附中国际部认证的一些事务落实中体会到，若要优化督导效果，我们要么调整督导的思路和做法，要么改变自己的督导体系。虽然目的都是看一所学校是否达标、是否符合政府的要求，但是国际部认证的一些做法和督导的一些做法完全不同。国际部的认证，特别重视学生、家长、管理团队和老师的感受，以及上述各方对学校发展的评价，重视评价体系里每个相关方对这个学校的感受，而对固定的文件、文本和制度反而没有那么关注。国际部的工作人员利用短短几天的时间，就能够很快地发现一所学校办学过程中存在的实质性问题，发现其教育水平到底如何。国际部所要关心的，并不是学校有什么样的理念、有什么样的规章制度，而是所有种种理念制度在推行之后落实到老师、学生身上，以及落实到学校教育教学行为上的具体表现是什么——不是看你想让他们成为什么样子，而是看他们实际上成为什么样子。

这种更重视现状和实际结果的评价，远远优于针对制度、程序层面的评估。评价和认证督导体系的建立，将会促使所有的学校必须达到一定的要求，同时也有利于让真正优秀的、做得有特色的学校脱颖而出。在向社会公布评价标准的时候，应当选择很多不同的维度，比如艺术教育、科学教育、体育教育、创新能力培养、德育、国际视野，等等。这就像体检，很难说出一个人与另一个人相比，哪位是更好或者更健康的，但是总体而言，各项指标都好的肯定就好。但是我们也不能简单地计算总分，给出排名。只要有一个科学的体系，相信大家都会有一双智慧的眼睛，能看清你这所学校到底是好还是不好，综合水平到底如何。在这里，考试成绩就只是其中一项，如果校园不安全，孩子在校的身体素质下降得很厉害，我相信一些家长不见得会把孩子送进去。因此，在当前的督导体系之外，再建立一个科学的评估和评价体系是很有必要的。总体而言，各项指标都好的肯定就好。

家校协同育人如何落地

当下，无论学校还是学生家长，都意识到了家庭教育的重要性，但是在具体的落实过程中，还存在家庭教育观念不科学、家庭教育与学校教育边界不清、家庭与学校互相推诿指责等现象。家校协同、家校共育的理念要很好地落地，还需要从多方面努力。

家长该干什么不该干什么

家长在孩子学习成长的过程中应该干些什么？我发现，现在的家长存在两种截然相反的情况：一类是"专职家长，紧盯不放"，这样的家长对孩子的情况了解得一清二楚，事无巨细都安排得非常周密，家长试图百分之百控制孩子整个的成长和发展过程。另一类家长则恰好相反，就是"完全不管，放任自流"，基本不关心孩子在学校的表现。他们认为，既然学校是一个专门的教育机构，把孩子交给学校就万事大吉了。应该说，这两类家长做得都不好。

每个家长都特别重视和关注孩子的学业，想尽自己所能为孩子的学业进步创造条件、提供帮助，这是人之常情，也是家长职责所在，但是提供帮助的方式方法一定要得当。在我们的教育体系设计里，并没有要求家长大力帮助甚至代替孩子去完成学习任务，即使有些家长是大学教授，学历和知识背景很强，也不一定能辅导好孩子的学业，即使有这个能力，也要把握好提供帮助的度。学生的学习任务应该尽量由学生自己独立完成，因为学习任务的完成过程和完成情况是教师了解和分析学情的重要依据，也是教师判断和提供帮助的依据，如果学生是在家长大力帮助下完成学习任务的，很容易让老师产生误判，长此以往是非常不好的。相反，学生在老师的指导下、在学校这个平台的支持下和在同学的互助下，一般而言都能比较好地完成学业，只有个别自觉性或学习能力较差的孩子，可能需要一些帮助。家长不能过多参与到孩子的常规教育当中，更不能代劳，否则的话，时间长了容易让孩子养成依赖性。家长应该尽量让孩子自己去思考、探索，即使孩子某道题做不出来或做错了，也未必是坏事。失败也有其独特的价值，甚至失败本身就是教育的一部分，因为在这个过程中，知道了哪些方法和路径是行不通的，同时也能及时让教师知道孩子的不足，及时帮助孩子纠正和改进。如果家长有足够的时间和精力，不要成为孩子学习的监督者，也不要成为学习助理，应努力成为陪伴者，与孩子一起学习，共同成长。

家庭教育很重要，但不是让家长帮着做学校该做的事。那家长应该做什么呢？

第一，树立身教重于言教的观念，用自己的言行影响孩子，做好表率。

影响孩子成长的因素很多，比如父母的教育背景、家庭的和谐程度等等。家庭本来就是社会的一部分，家庭氛围、父母的心理健康状况和对待工作学习的态度等对孩子产生的潜移默化的影响，可能要比能不能辅导孩子或帮助孩子完成作业重要得多。家庭的这种影响是别的环境无法提供给他的。所以我认为，家长不能把自己变成老师、变成家教，而应该成为和谐轻松气氛的营造者，发挥好作为父母的榜样的力量。父母的一次表率与示范，可能远比十次百次的监督或批评更加有效。你怎么"做"对他的影响，远远比你用语言来

"说"要更有力量，正所谓行胜于言。所以父母要用家庭氛围去熏陶孩子，用自己的行为去引导孩子，不要只是说教。

孩子为什么长得像父母？除了遗传因素，父母为人处世、待人接物的方式，以及行为习惯、卫生习惯、说话习惯等等都会对孩子产生潜移默化的影响，所以孩子的样子就是家长的一面镜子。父母要清楚，孩子的好多问题实际上映射出的是家长自己的问题。

第二，让孩子养成良好习惯，让家庭对孩子产生的影响更正面、更长久。

一是养成良好的语言表达方式。我发现现在的好多孩子说话很冲，语气很硬，就像吃了炸药似的，别人听了很不舒服，久而久之就会变成一生的说话习惯。事实上，孩子这种说话的习惯，大多是受父母说话的习惯或家庭语言暴力的影响。家长应该从这个反面的例子看到家庭教育对孩子的影响，引以为鉴。

二是养成爱好阅读的习惯。很多优秀的人都有爱读书的习惯。读书的习惯怎么培养？父母有时间就读书，家里书多，孩子自然也会爱上读书。我提倡让孩子早识字，越早认字，就能越早开始阅读，孩子一旦开始阅读，就进入了自主学习的状态。多阅读不仅能拓宽知识视野，而且能提高阅读速度，增强理解能力，从而能很快地抓住主要信息，也有助于提高表达能力和思维能力。家长应该让孩子从小养成爱阅读的好习惯，练好阅读的"童子功"将会受益终生。根据我自己的教育实践，我发现不仅要让孩子阅读，还要让孩子把读过的内容用自己的语言去复述，这样可以很好地锻炼孩子的理解能力、总结提炼能力、记忆能力和演讲表达能力。

三是养成坚持体育运动的习惯。一般的家长认为，加强体育锻炼就是为了让孩子身体强壮，不生病就行，这只是体育最浅层次的作用。体育在塑造人的坚毅品格、塑造强大的心理上有非常独特的价值，是其他学科学习和活动所不能替代的，而单靠学校的体育课是不够的。我特别赞同培养和练就一两项伴随终身的体育特长和技能的观点。在培养孩子体育锻炼习惯方面，家长应该做好表率，特别是父亲，应该在这方面发挥更大的作用，培养孩子的阳刚之气。在体育运动项目中，要关注团队项目，因为这类项目对学生的团队合作意识、正确面对成功与失败、遵守规则、尊重对手、服从裁判、控制情绪等素养和能力的培养有独一无二的价值。

第三，在广泛涉猎、逐步聚焦的过程中培养兴趣特长。

在孩子的兴趣特长培养上，很多家长往往从"我"出发，自己喜欢什么或觉得什么东西对孩子未来发展重要，就让孩子在这方面发展。有些家长往往按照自己的爱好去设计孩子的生活，导致孩子痛苦不堪。我们经常讲应该让孩子选择自己感兴趣的东西，但是有时候家长会说看不出来孩子对什么有特别的兴趣爱好，或者说兴趣爱好多变。家长应该让孩子广泛接触各种各样的东西，提供丰富多彩的机会，让孩子在不断尝试的过程中，随着时间的推移、年龄的增长逐步聚焦，找到自己持续的兴趣爱好，坚持下来，发展成特长。当爱好和潜力走到一起、变成一种特长的时候，是最容易出创造性成果的。

第四，把握好批评孩子的方式。

我特别反对或者不欣赏很多家长批评孩子的方式，比如说："你这个孩子就是不长记性。""你这孩子真没出息。""你这个孩子就不懂礼貌。"……家长批评孩子时应该尽量具体、就事论事，不要"以点带面""上纲上线"，不要用抽象的结论来批评孩子，不能一下子全面否定孩子。另外就是不要用"下结论"的方式批评孩子，特别不能说"你看谁谁家的孩子可不像你这样"，不要和别人相提并论，这样特别容易对孩子幼小的心灵造成伤害。

如何正确处理好家校关系

第一，家长要正确认识和评价学校。

初中和高中，正是学生人生观、价值观和人格形成的关键时期，校风对他们的成长影响很大。在一个什么样的大环境里成长，影响还是非常大的。现在中国的家长，受应试教育的影响，过于关心学校的名气、排名、高考成绩、升学率这些指标，而忽视了一所学校无法通过考试反映出来的东西，而这恰恰是非常重要的。有多少家长关心学校的教育理念、培养理念是什么？这个学校的校风学风如何、校园文化如何？对这些都不了解，就容易做出盲目选择。

家校互相理解、互相信任的前提是家长必须认同学校的顶层理念。家长也有自己的教育理念，因为他受过教育，有的家长的教育背景还很强，他对于学校该怎么办学有他自己的认识，当他的认识跟学校差不多的时候就没事儿，当他的认识跟学校完全相左的时候，就特别容易产生家校冲突。

当一个学生毕业走上社会后，影响他与人相处和处理事情能力的，最主要的就是情商、智商、领导力、性格等，知识所占的比重很小。如果我是家长，我会关心学校的科技活动、体育、艺术、社团、研学及社会实践等方面的课程和活动如何。家长在选择学校时一定要认同学校的理念，为什么有些家长一直跟学校闹别扭？就是因为孩子入学后家长发现学校的文化和理念与自己的不同，看哪儿都不顺眼，转学又不是那么容易的事，这个时候家长就很苦恼。

家长有很多途径可以了解学校的文化和理念，比如通过学校网站介绍、招生宣传进行了解，通过学校举办的开放日进行了解。还有一种重要方式，就是去找这个学校的毕业生和老师聊聊，问问他们的真实感受。家长千万不要稀里糊涂等孩子入学后再去了解学校。

第二，家长要尊重学校教育的专业性。

教育是有自身规律的、专业性很强的事情，所以无论家长的学术背景有多强、学历有多高，都应该尊重学校教育的专业性。对于学校教育存在的问题家长可以建言，但是整体上对学校教育缺乏敬畏和尊重是不对的，尤其是在没有全面了解情况的前提下，不要随意评价学校和老师。有些家长根据孩子的只言片语，或者从外界获知的一些片段、真实性存疑的消息，就对学校进行尖刻的批评或者下结论，这是不应该的。家长和学校之间的冲突，往往都是从一些具体的小事情上开始的。家长不是教育的专业人士，看不到有些课程或活动的教育意义，不能认为自己比学校更高明，然后随意地批评指责，或者是给它下一个什么结论。家长和学校都是为了学生好，二者没有根本利益的冲突，有时可能有观点的分歧，这是可以通过合适的方式沟通和解决的。

要做好家校配合，我觉得从一年级到高中，家长要甘当配角。学校承担着教育的主体责任，家长的教育行为应该在学校的建议指导下进行，不要听别的家长怎么说，或者看网上怎么说、教育培训机构怎么说，就自己盲目采取不理智的行为。有些家长发现孩子成长过程中有问题，不是和学校商量如何解决，而是自己想招，这不是长久之计。

中国的家长大多有望子成龙的心态，难以接受自己的孩子是个平凡人。而事实上，大部分人未来一生都是平凡的，无论在哪个领域，出类拔萃的人物总是极少数。在这方面，我倒是觉得西方社会随遇而安、顺其自然、人尽其才、各尽其能这种文化和价值观念比较好。

第三，把握好移动互联网时代的信息交流与沟通方式。

移动互联网时代，"群"是生活的一部分。在家校沟通的过程中，"微信群""QQ 群"使用得越来越普遍，在带来便捷、提高效率的同时，也要谨防负面效应，要分清界限，把握好尺度，哪些东西是该一对多交流的，哪些是应私下点对点交流的，不能混为一谈。现在，有些家长在微信群里发牢骚，或者把本群的内容转发到别的群里，别人再截图、转发，本来一件小事可能就被无限放大，变成全社会关注的焦点，给学校工作造成很大压力。所以在家校沟通的过程当中，我特别提醒老师和家长们，在网上也要严格区分"公开场合"和"私下场合"，家长有问题最好发私信和老师沟通，必要的时候可以打电话或约老师面谈。在家校关系中，沟通方式与沟通内容都非常重要。

第四，关于校园安全，家长要给孩子保护与支持，但不要反应过度。

当孩子遭遇校园欺凌，回家跟家长倾诉时，家长一定要替孩子做主，抚慰其无助的心灵。父母是孩子的"监护人"，就得"护"着他。但是，不能别的孩子把你孩子打了，你就去把那孩子也揍一顿。这种以暴制暴的方式对孩子成长是不利的。孩子间偶尔闹点矛盾、有点小摩擦是难免的事，家长不要反应过激。我发现绝大多数情况并非恶意伤害，现在有些家长只要自己孩子跟别人闹矛盾吃亏了，就说被欺凌了。我特别反感上纲上线和滥用校园暴力、校园欺凌这样的概念。一定要搞清状况，不要随意下结论。

由此我想到了学校的体育运动或组织校外活动，稍微有点问题，有些家长又是告状，又是要求赔偿，以至于现在有很多学校稍微有一点点危险性的体育运动都不敢开展了。这对于学校开展正常教学，培养学生健康阳光的心态、刚强勇敢的品格和冒险精神，是非常不利的。一个没有一点冒险精神的孩子，长大了能干什么呢？

家校关系中，边界到底该怎么划？家庭是一个圈，学校是一个圈，两个圈有时候中间有交集，有时候中间有漏洞。总体而言，孩子在学校处于紧张竞争的气氛中，回到家以后应该舒缓一下压力，适度调节放松一下。现在有些家长，弄得家里的压力比学校里还大，语言更加暴力，甚至有时候还伤害孩子的自尊，时间一长，矛盾积累到一定程度就会出事。学生学习遇到困难、题目做不出来不要急，学生的能力会在一次一次的失败、一次一次的尝试当中慢慢培养起来。在这些小的挫折中能够坚持下来，一步一步前进，其实本身就是一种成长。

家庭和学校这两个圈，一开始差不多一样大，但是随着孩子年龄的增长，家庭的圈要越来越小，家庭教育所占的比重也越来越小，而且不要跟学校过多地重叠。等到孩子上了大学，家庭教育可能就缩减成一个点了。

学校管理重在树立"三观"

理念是行动的先导。我认为，要成为一位优秀的校长、管理好一所学校，必须树立正确的教育观、教学观和管理观。更为重要的是，要让这些观念走进每位教职工心里，落实到学校教育的过程中，而不是写在墙上、印在宣传册上。

树立以育人为目标的教育观

教育的终极目标是什么？这是每个校长都应该搞清楚的问题，但很多校长往往只埋头于日常管理事务，却忽视了对这一本质问题的思考。习近平总书记在全国教育大会上的重要讲话中，围绕"培养什么人、怎样培养人、为谁培养人"这一根本问题，阐释了培养德智体美劳全面发展的社会主义建设者和接班人的内涵、要求和举措。扎根中国大地办教育，一定要牢记教育服务于民族复兴大业、国家长治久安这一本质和"培养人"这个根本目标，这是校长教育观的核心。如果校长们没有站在这样的高度，把局部目标当成全部目标，把阶段性目标当作终极目标，那么我们在提供教育、组织各种教育教学活动时，就难以达到更高的境界和层次。

　　一个校长，要想成为名校长乃至教育家，他的教育观不仅要有一定高度，更要有一定独特性，还要有创新、有超越。正确的教育观是带有历史烙印、根植历史传承的。任何教育观都是在特定的社会土壤中生长出来的，肯定会受到当时的历史环境影响。因此，校长在学习或者借鉴前人的教育观时，应该秉持历史的、辩证的眼光，要理解其形成背景，再根据时代背景和国家经济社会发展的需要，树立满足当前社会发展需求的教育观，而不只是照搬别人的教育观。因为任何教育观都处在发展之中，不会一成不变。再好的思想，如果生搬硬套，就会失去生命力。当下，很多校长热衷于学习名校的管理方法，希望别人的"办学经"能在自己学校"落地生根"。善于向他人学习是好的，但他校的成功做法未必适合你，因为学校传统和文化背景不同，有些在某校能顺利实施的措施，在其他地方却不见得有效。正确的做法不是简单照搬，而应因校制宜、借鉴吸收、为我所用。我们要设法理解成功的案例背后深层次的逻辑内涵，而不仅仅是表面的做法。

　　校长的教育观还应该与时俱进。即使有些教育观带有一定的普遍真理，包含了很强的教育规律，我们也不能生搬硬套，而应该对其进行现代化的解读。特别是在当下，应该站在全球化、站在建设人类命运共同体的角度来思考问题。

树立以能力培养为中心的教学观

　　校长不一定直接从事教学工作，但是校长的教学观直接影响教师，影响人才培养。树立正确的教学观，首先要厘清知识与能力的关系，从以知识为中心走向以能力为中心，从关注教师的教走向关注学生的学。

　　传统的教学观念特别推崇博闻强识、满腹经纶，如果仅以此为目标，教学上必然过多地强调知识本身，要求把所有知识背得熟、记得牢，学得扎实、系统、完整，期望学生"无所不知"，但"无所不知"并不代表"无所不能"。知识只是载体，学习知识只是培养能力的一个过程，我们教知识的目的不仅仅是知识本身，我们要通过教知识启迪学生的智慧，培养其思维能力和运用知识解决问题的通用方法。只具备在现有知识里寻找已知答案的能力，是不能面向未来世界的。

作为校长，必须摒弃以知识为中心的旧观念，树立以高阶思维能力培养为中心的教学观，并通过一定的举措，将这种教学观贯彻到学校的教育教学过程中。

首先，可以利用多种场合对教师反复宣讲。人的思想观念的转变是需要一个过程的，教师听得多了，慢慢地教学行为就会不知不觉地发生改变。其次，可以通过示范课引领。方法的掌握也是因人而异的，不可能所有教师整齐划一，不要去批评某个教师做得不好，而应把做得好的样板给他看，自然会引导做得不好的教师进行反思。再次，可以通过科研课题和项目来带动教师教学观念的转变。比如我在清华附中开展了一项名为"思维导学"的改革实验，推行深度学习课堂教学改革；另外，清华附中还有 STEM 课程、创客空间、研学课程等，这些改革对于教师改进教学方式都有很大的推动作用。

以知识为中心的教学观导致教师在课堂上把知识揉碎了反复讲、重复训练，以此应对考试。其实我们可以有更科学的方式赢得考试。我们有个"高研实验室"项目，入选的孩子会花很多时间在实验室里"折腾"，大家围绕一个专题，绞尽脑汁讨论解决方案。有些孩子从高一开始，一直坚持到高三。这个学习项目开展的早期很多人不理解甚至反对，他们私下议论说校长搞这么个项目，弄不好就把这些孩子毁了。但是实践证明，这些参加"高研实验室"项目的学生考试成绩不仅没有下降，反而大幅提高，2017 开始连续三年高考平均分远超全校的平均分！这就说明，我们采用的这种方式比传统的教学方式更有效率。作为校长，不仅要树立以学习为中心、注重能力培养的教学观，还要有定力，自己认为正确就要坚持，敢于担当，不要被世俗左右。

树立引领教师自觉有为的管理观

谈到学校管理，现在很多校长更多强调的是"管"，事无巨细都去管，我认为更重要的是"理"，校长管理学校一要讲道理、情理，二要尊重规律、原理，以此引领全校教师、职工自觉发展，不要用校长的威严、用冷冰冰的制度去压服别人。

我觉得一个好的校长，在学校管理中要做到四点。

其一，要守住底线，超越底线。在有的学校，老师见了校长就像耗子见了猫似的，我是不太欣赏这样的。对于知识分子，只要把道理讲明白，能够做到要求合情合理，管理工作就不难做好。学校要有一套科学、完善的管理制度，但学校不光是讲制度的地方，更应是讲情讲理的地方。我们常说，制度是底线，这里面有两层意思：一是不能违反制度规定，二是制度只是最低要求，从中可以看出学校倡导的是什么、希望弘扬的是什么。对于绝大多数教师来讲，他们知道自己的责任和使命，他们会超越制度做得更好。实际上，学校管理要重点鼓励那些超越底线要求的人，让他们追求卓越、自觉有为，这是我所倡导和追求的一种管理境界。

其二，要有战略眼光，能做出超前的判断。作为一所学校的领航者、掌舵人，校长要站得更高一点，看得更远一点，要有较强的洞察力，意识到教育发展的方向在哪、哪些东西是制约发展的核心因素，如何破解矛盾或者弥补不足，引领学校教职员工开展面向未来的探索。校长要依据校情做好战略规划，在文化传承基础上发展，在发展中创新求变。一个好的校长应善于抓大放小，把主要精力放在抓战略发展、抓重点项目改革上，这样才能看到别人看不到的，想到别人想不到的。

比如在清华附中，2009 年就开始进行综合素质评价的探索，五年以后，国家层面高考改革启动，才开始对学生综合素质评价提出相关要求。另外，我们开设的综合课程（现在的 STEM 课程，当年还没有这个名字）、大学先修课程，已经开办十几年的招收外籍人员子女的国际教育，等等，这些举措在当时都是具有超前性、引领性、创新性的。

其三，要提高选人用人、培养人的水平。俗话说，金无足赤，人无完人。作为校长，用人时要更多地看到其长处，有时候要扬长避短，有时候要扬长容短。特别是在学校这种知识分子成堆的地方，要发挥集体智慧，因为每个人的学科背景不同、思考问题的角度不同，大家只有畅所欲言、互相弥补，最后才能发挥集体智慧、形成最好的决策方案。校长用人不能只用听话的人，要多让下属独立思考，让他自主探索解决方案，然后大家来讨论并做出决策，长此以往，这个人的能力就会越来越强。现在有些校长退休之后找不到接班人，就是因为在长期的管理过程中没有给下属成长锻炼的机会，没有在用人的过程中培养人。

其四，要团结管理好四支队伍。中学管理工作的核心，就是抓好领导班子、教师、学生、职工四支队伍建设。建设好领导团队，关键词是团结，校长要有战略眼光和品格魅力，让别人佩服你，这是搞好班子团结的基础，在此基础上，大家互相补台，扬长容短。建设好教师队伍，关键词是公平。这么多年的管理实践经验告诉我，教师最在意的不是收入的高低而是是否得到公平的对待。学校里包括职称在内的各种考核评价、选拔工作，一定要做到公平公正、公开透明，否则很容易挫伤教师的积极性。对于教师，精神激励胜于物质激励。管理教师团队，要营造选贤任能、奖勤罚懒的文化氛围和价值观导向。对于学生群体，关键词是志向，不要光盯着考试成绩和高考升学率，要通过各种各样的教育活动，让学生树立远大志向，有更高的精神追求。职工团队是大家容易忽略的，包括学校的门卫、厨师、保安、保洁和工勤人员等，对待他们，关键词是尊重。他们最需要的就是尊重，尊重他们就是尊重劳动人民、尊重劳动成果，这不仅能提高他们的工作积极性，对于学生也是一种生动的劳动教育。

PART / 4

第四辑

创新教育视界：
给学生更高品质的教育

本土教育向国际教育学什么

近年来，我国国际教育快速发展，出现很多以培养学生出国为目的的教育形式。这一方面满足了人民群众的需求，让一部分中国学生在家门口就能享受到国际教育；另一方面，也让国内的教育同行有机会看到高品质国际教育的样子，对教育改革起到了推动促进作用。这两个方面也正是国际教育的基本功能和我们兴办国际教育的初衷。

办扎根本土的国际教育

当前国内的国际教育办学主要有三类：一是外籍人员子女学校，二是经教育主管部门批准开办国际教育的民办学校，三是公立学校的国际部。不管是哪种类型，在发展的过程中，都要扎根中国大地，不能把自己视为游离于中国社会、中国教育之外的"独立王国"。对待国际教育，要坚持为我所用、拥抱世界，更要坚定"四个自信"，特别是要树立文化自信。在中国办国际教育，必须立足中国国情，立足中国教育的优秀传统，吸收借鉴中国教育中好的东西，融会贯通，不能成为变相的"洋应试"教育、"洋贴牌"教育。

外籍人员子女学校，应尊重中国的文化传统、尊重中国的本土教育。有的学校仅把汉语作为十多种语言中可有可无的一门选修课，这是不够的，应该更加重视中国历史与文化的学习，重视汉语教学；开办国际教育的民办学校，有一定的办学自主权，在课程与教学方面要守住底线，牢记培养的是具有国际视野的中国人，注重学生世界观、人生观、价值观的塑造；公立学校的国际部在教育方向的把握和公共资源的使用上要以我为主，注重吸收借鉴。总之，应坚持"中国根基、全球视野"的国际教育人才培养目标，如果只追逐把孩子送出国的短期目标，忽视家国情怀和文化自信的培养，忽视中国根基及相应知识体系的构建，必将对他们出国后的长远发展带来不利影响。

本土教育的短板在哪里

以优质的国际教育为参照系审视中国本土教育，我觉得存在四个方面比较突出的问题。

一是青少年的个性和特长难以发挥。我国是世界上人口最多的发展中国家，还处在社会主义初级阶段。这个国情决定了目前还是要在保证教育公平的前提下，尽可能提高效率、提高质量。如果只关注大多数人的均衡教育，就难以真正实现因材施教。伟大的教育家孔子2500多年前就提出因材施教的教育理念，今天却成了"进口产品"。很多国外的学校因为班额少、教学安排灵活，他们的学生在学习某学科时，可以选择适合自己的层次、难度和节奏，而我们的学生在大多数情况下是没有选择的，只能用同样的进度、同样的标准，学习同样的东西。

二是教与学过于强调以知识为中心。目前，"以能力为中心""以素养为中心"还没有很好地落实到课堂教学与评价中。知识固然重要，但是人的记忆力再好、知识储备再多，也比不过机器和人工智能，如果我们今天还将获取知识的多少作为学习的唯一目标，就会出问题。学习知识是为了掌握分析问题、解决问题、认识世界、改造世界的能力和方法，学习知识是为了启迪智慧和发展思维，而不是记住知识本身。

三是评价方式过于依赖考试分数。习近平总书记在 2018 年召开的全国教育大会上讲话指出，要扭转不科学的教育评价导向，坚决克服唯分数、唯升学、唯文凭、唯论文、唯帽子等顽瘴痼疾，从根本上解决教育评价指挥棒问题。改变教育的"唯分数论"该从何下手？我想，在高考、中考之外，应该有某种评价机制，能够降低高考、中考的重要性，用更丰富的维度来评价学生，这样才能引导学生全面而富有个性地发展。

四是过于强调单学科的学习。我们过去曾认为，对于学科知识，挖得越深越难越好，而实践证明这是不科学的。在我们的中小学中，较少开展跨学科的、项目式的、问题探究式的学习，课堂上还是以教师讲授为主，师生之间互动较少，近年来才开始探索 PBL、STEM 教育等。我们要培养学生发现问题和综合运用所学知识解决实际问题的能力，而这种能力的培养仅靠单学科学习是难以达到的。

如何向优质国际教育取经

在实践中，国际教育对于本土教育的参考和借鉴功能往往被忽视。国际教育不应被视为国内教育体系的补充，更不能成为国内教育体系的替代品。国际教育的最大价值，是推动本土教育的变革。我们如果不能在开办国际教育过程中学到一些理念，推动自身的课程、教学及评价变革，服务于本国 80% 甚至 90% 的学生，那么国际教育在中国就没有充分发挥其功能。国际教育和本土教育，应该互相尊重、互相借鉴，通过学术研讨、交流互访等多种形式产生碰撞，融合发展。

本土教育该如何向国际教育取经？国内教育存在突出问题的四个方面，正是国际教育做得比较好、我们需要学习和借鉴的地方。我想特别强调两个方面：一是要借鉴国际教育的学生评价做法，建立过程性、发展性、生成性的综合素质评价体系。早在十年前，清华附中就开始研究中学生综合素质评价系统，所强调的内容和评价思路与美国高中联盟（MTC）基本一致，比美国高中联盟新推出的评价系统（A New Model）还早了五六年。二是要积极推进STEM课程建设，这是培养学生解决问题的能力和跨学科知识运用能力、培养学生创造力的很好的途径。

国际教育和本土教育应该互相融通。到目前为止，清华附中的大家庭中已经有清华附中国际部、清华附中国际学校、清华附中清澜山学校三个国际教育实体。清华附中在国际教育方面强调中西合璧、双母语学习，在清华附中办的每一所国际学校中，汉语学习和中国文化都占有非常重要的地位。清华附中本部也在举办国际教育的过程中得到国际化的提升和发展，先后创立了中国大学先修课程，开展了STEM教育，建立了学生综合素质评价体系，和国外学校开展了一系列深度合作，等等。这些都是在用国际化的理念，推动本土教育的改革和发展。

国际教育不等于洋高考

如今，关注国际教育的人数逐年增加，出国留学的学生整体低龄化现象比较严重。对于到底该什么时间出国，要因人而异。但是，总的来讲，国际学校现在增长非常快，中国对于国际教育的需求很大，特别是具有国际水平、国际品质的国际教育。基于这种需求，现在国际学校有正在育种的，有已经发芽的，也有已经长成大树的，真可谓一派轰轰烈烈的繁荣景象。清华附中也举办了国际学校，我们正在谋划举办更大的、更多的国际学校。因为办教育的目的就是满足大家的需求，作为公立学校来讲，我们有好的经验、有丰富的资源，应该为大家提供更多的高水平教育。

目前公立学校举办的国际班，参差不齐，差别非常大，选择的教育体系不一样，课程体系也不一样。有些比较讲求品质，可谓货真价实，有很多高水平外教，开设了很多国际课程；有些却有点洋应试教育的倾向，也就是国外的大学招生看重什么就强化训练什么。

我心目当中的国际教育是国际上常规的教育，也就是说，欧洲、美国本土的学生接受什么样的教育，我们就应该提供什么样的教育，而不是国外大学怎么招生，我们就只针对招生看中的成绩和重要点，天天训练学生。在我们中国，许多时候应试教育做多了，无论什么教育到我们这儿都会变成应试教育。我们应该考虑到孩子进入大学之后怎么办，得考虑孩子的未来，而不是光考虑升入一所好大学。我们希望他能拿到文凭，毕业以后有一个好工作，将来成就一番大事业。

现在国际教育的一些理念和做法已经逐步渗透到中国的传统教育体系，包括公办教育体系。有一些学校很国际化，甚至百分之百想照搬美国或者英国中学的样本。我觉得每一个国家发展到今天，所有的人才、科技进步和经济发展，大多数还是依赖本国教育培养出来的人才。教育只有不同，没有绝对的好坏。中国就是中国，中国的教育就是为中国的经济社会发展服务的。我们对于国际教育的先进理念和做法只能借鉴，不能照搬。因为教育就如一棵参天大树，你要把它从大洋彼岸挪过来再栽到我们的国土上，有时候能长得很好，有时候则很难成活。

现在应试教育之风大有向国际教育蔓延之势。在清华附中的国际部，我们不会为提高考试成绩而专门进行学术能力评估测试（SAT）、大学先修课程的培训。真正的教育就是该干什么就干什么，从艺术到体育等各种社会活动，一个都不能少，好好地把学生的综合能力培养起来，考试则是小事一桩。只有在这样一个轻松的地地道道的国际教育环境下，才能培养出真正优秀的学生。

出国留学不要盲目跟风，不要我有钱我就任性，我想什么时候去就什么时候去，待不住了就回来，而是要认认真真考虑学生的自理能力、自主性，那边是否有人照顾等。不要说钱跟我差不多的人都送孩子出去了，我好像舍不得钱似的，所以我也送。咱们不要这样意气用事，而要实事求是分析自身家庭的情况、孩子的情况、教育的情况等。

拥有强大的"清华园"，才能保住伟大的"圆明园"

党的十八大报告首次把"立德树人"明确为教育的根本任务，十九大报告又重申要"落实立德树人根本任务"。在 2018 年教师节召开的全国教育大会上，习近平总书记再次强调"坚持把立德树人作为根本任务"。清华附中身处清华园，西临圆明园，工作、生活在这一独特的地带，收听全国教育大会传来的声音，"立德树人""根本任务"于我引发的是更加深切的感受。

清华附中有一门延续了很久的校本课程——"走进圆明园"。这是一门项目式学习课程，学生要站在多学科的角度对圆明园进行深入研究。我看过一些学生的学习感悟，在震撼于"万园之园"曾经的美轮美奂后，对遗留下的断壁残垣，他们感到痛；对窃掠的强盗，他们生出恨；而他们更痛、更恨的是在这片土地上生活的先祖曾经那么屈辱、那么悲惨，这个民族曾经那么软弱、那么无力，备受欺凌。我想，经历了这样的学习、触动，学生们会深刻领悟到——惟有足够的强大才能守得住足够的美好，一个民族必须拥有人才济济的"清华园"，才能保得住珠光宝气的"圆明园"；一个人的资质越好、潜能越大，责任也越大。学生们都会明白学校对他们的期许，即学校的使命——为领袖人才奠基。

2017 年 7 月 26 日，习近平总书记在省部级主要领导干部专题研讨班上发表重要讲话，做出"近代以来久经磨难的中华民族实现了从站起来、富起来到强起来的历史性飞跃"这一论断。我从延安的一个小村子走出来，一步步走到了北京的清华园，亲身经历了"富起来"与"强起来"的时代演进，而圆明园的残照，更是让我深深地明白"强起来"的迫切性，我们必须用"钢铁长城""科技长城"而非"血肉长城"去阻吓那垂涎的獠牙，中华民族必须走上也已经走上了强大、复兴的征程。

"强大"在物理学上用"功"来衡量，由"力"的方向、大小与作用时间决定。我们党引领民族的方向，统筹民族的力量，久久为功，致力于中华民族伟大复兴这一艰巨任务。于教育，该如何"做功"呢？

借鉴"有德有才是精品，有德无才是次品，无德无才是废品，无德有才是危险品"的说法，"德"决定"力的方向"，"才"决定"力的大小"，而人才显然具有民族性，因此，学校教育必须"立德树人"：立德——重塑民族凝聚力，树人——提升核心竞争力。

用"重塑"这个词，主要是基于以下思考：一是我们的社会把"成功"狭隘地世俗化甚至货币化了；二是有的学校的确存在唯分数论的功利化作为；三是基于前两者的影响，对学生的价值观引领变得"羞于启齿"或者用道德的说教应付了事。而特别让人忧心的是，各种思潮，包括诸多污染性极强的思潮裹挟在"富起来"的时代洪流中，冲击了中华文化的价值观念，急剧削弱了学校教育的影响力，进而在一定程度上动摇着办学的方向。

令人欣慰的是，习近平总书记定义了教育的首要问题是"培养什么人"，明确了"我们的教育必须把培养社会主义建设者和接班人作为根本任务，培养一代又一代拥护中国共产党领导和我国社会主义制度、立志为中国特色社会主义奋斗终身的有用人才"，并要求教育做好六个"下功夫"：要在坚定理想信念上下功夫，要在厚植爱国主义情怀上下功夫，要在加强品德修养上下功夫，要在增长知识见识上下功夫，要在培养奋斗精神上下功夫，要在增强综合素质上下功夫。

　　尽管北京是国际化程度很高的大都市，开放办学的比例和程度都比较高，但是作为教育工作者，我们相信"越是民族的就越是世界的"，因此，我们应该更加清醒地把握好自己，始终谨记学习别人是为了成就更好的自己。一直以来，清华附中秉持着与清华大学一脉相承的校训"自强不息，厚德载物"，沉淀出"德先于智，行胜于言"的浓郁风气，把"立德树人"全面落实在校园生活中。

　　全国教育大会已然明确，要以"立德树人"对教育全领域进行全覆盖，"凡是不利于实现这个目标的做法都要坚决改过来"；健全立德树人落实机制，"坚决克服唯分数、唯升学、唯文凭、唯论文、唯帽子的顽瘴痼疾"。高中作为学生价值观、学习力最重要的塑造期，我们守土有责，希望与广大的教育界同仁一道，以开放的心态、自强的精神承担并胜任这项"根本任务"。我们必将看到万马奔腾的气象，奔向民族复兴的方向；必将看到百花齐放的景象，闪耀着中国红的主色调。

教育扶贫：为寒门学子打开眼界

自从 2007 年由清华大学数学科学系教授成为清华附中的校长，我就一直在思考一个问题，那就是中学尤其是重点中学的社会责任。

目前人们谈论大学的社会责任比较多。世界范围内公认的高等教育三大职能是人才培养、科学研究和服务社会。那么中学呢，中学的基本职能是什么？最根本的当然是教书育人——贯彻落实国家基础教育政策方针，满足人民群众受教育的权利，为高校培养、输送好苗子。因此，中学的最主要任务就是在尊重教育规律的基础上，努力提高教育教学质量，为学生今后的专业学习和人生发展打好坚实的基础。除了这一天经地义的职能之外，中学特别是办学水平较高、拥有较高社会声誉和影响力的中学，要不要服务社会？这个服务社会的功能又该如何体现？

党的十九大报告提出："推动城乡义务教育一体化发展，高度重视农村义务教育，办好学前教育、特殊教育和网络教育，普及高中阶段教育，努力让每个孩子都能享有公平而有质量的教育。"这里的"每个孩子"，不仅包括而且更强调的是边远山区和农村贫困地区的孩子。党的十八大以来，国家不断加大教育投入力度，对贫困地区学校的支持力度非常大。为解决教育资源分配不合理、受教育机会不均等人民群众关注的热点难点问题出一份力，是重点中学服务社会、回馈社会的职能之一，也是应尽的社会责任。

由此我想到了教育扶贫。俗话说"治贫先治愚，扶贫先扶智"，教育扶贫是治本之策，是扶贫最有效的方式之一，但是教育扶贫具体怎么做，也有一个精准施策的问题。

资金的投入固然非常重要，但是正如人们常说的，凡是用钱能解决的事，都不是什么难事。这些年，我们看到，国家财政及社会各界持续加大农村地区教育投入，农村地区的校舍、教学设施等硬件条件以及学生营养状况大有改善。但是，在相当长一个时期内，在师资水平、教育理念与模式、教育的软性资源及育人环境等方面，区域之间、城乡之间、学校之间的差距仍将继续存在，实现真正意义上的教育公平、教育均衡还有很长的路要走。

把视角缩小一点，从学生个体的角度看，农村贫困地区、边远山区的学生和城市的学生相比，他们最缺什么，最需要什么，最难获得的又是什么？根据我个人的调研和观察，我认为多数边远山区和农村贫困地区的学生缺乏学习的动力和远大的理想抱负，这是他们所处的环境及眼界有限造成的。他们缺少机会，他们不知道城市重点中学的学生是如何学习、是在什么样的环境下学习的，他们不知道自己今后有怎样的发展可能性。其中许多出身贫寒、有天赋和潜能的孩子，被"读书无用论"消磨了斗志，被淹没在茫茫的题海战术当中，被排除在杰出人才的培养体系之外。

人才苗子的浪费是最大的浪费，是国家和民族最大的损失。作为城市的重点中学、名校，不仅要培养好自己的学生，还应该担负起更多的社会责任，发挥好示范和辐射作用，让更多的优秀学生能分享优质教育资源。

清华附中从 2013 年开始发起"中华英才培养计划"，其目的，就是想为农村地区优秀学生提供一个增长见识、接触了解城市重点中学课程及教学方式的机会。

"中华英才培养计划"每年由教育部关心下一代工作委员会发文，从国家级贫困县的初一学生中进行遴选。入选该计划的学员可以连续五年利用暑假到清华附中参加夏令营活动。学校为不同年级学员设置不同课程。学员参加的所有学科主干课程，均由清华附中的骨干教师授课，学校也将本校的各项教学资源与学员分享，为学员提供各类教学资料。

除学科课程外，清华附中还为学员开设了创意思维、动画、摄影、3D打印、模拟飞行、跆拳道、音乐鉴赏、外教口语、心理、形体、汽车模拟驾驶、篮球、手工彩绘、音乐欣赏与演出、美术创作与欣赏、程序设计等专题课程，同时为首次参加培训的学员提供研究性学习课程，并带学员参观故宫、中国科技馆、首都博物馆、圆明园等，学员在参观中填写学习手册，学习历史知识，感受中国文化。

为什么要给他们开这么多课程，他们能消化吸收多少？其实学到多少知识并不是最重要的，重要的是让他们体会不一样的学习方式，通过这些特色校本课程，激发他们的学习兴趣和动力，开阔他们的眼界，让他们树立全面发展的观念。

事实确实如此。通过对学员家访和与学员所在学校教师沟通，我们发现，这些学生在参加培训后，学习成绩稳步提升，他们知识面拓宽了，参加各种活动更加积极，性格更乐观开朗了，学习方式也有所改变。他们在培训中接触到来自全国各地的优秀学生，对自己有更清晰的认识，实现未来目标的信念更坚定了。

类似这样的项目，能直接惠及的学生毕竟是有限的，但是"星星之火，可以燎原"。一个学生积极向上的改变，潜移默化中会影响到班级中的其他学生，并带动整个班级的改变，经过几年的积累，则有可能逐渐影响到整个学校。通过这种以点带面的过程，发挥示范和辐射作用，就是名校承担社会责任和教育精准扶贫的具体体现。

一所重点中学的力量毕竟有限，如果全国成百上千所城市重点中学都行动起来呢？

清华附中的"中华英才培养计划"

"中华英才培养计划"项目是由教育部关心下一代工作委员会、中国下一代教育基金会中华英才培养专项基金、清华大学附属中学等单位共同发起的教育公益扶贫项目。项目自 2013 年至今先后从云南省、四川省、甘肃省、吉林省、河北省、重庆市、贵州省、陕西省、宁夏回族自治区、广西壮族自治区、内蒙古自治区的几十个国家级贫困县考核遴选出品学兼优的学生，成为"中华英才培养计划"项目学员，入选学员从初一暑期开始连续五年利用假期时间免费到北京清华附中参与培养活动。项目中少数民族学员比例达到 31%。

该项目每年暑期开展为期两周的夏令营活动，根据年级不同，为学员设置不同课程。新入选学员以学习语文、数学、英语等学科课程为主，同时开展主题教育活动；即将升入初三的学员以学习语文、数学、英语、物理、化学等学科课程为主，除巩固学科知识外，开设拓展课程，开拓学员视野；将升入高中的学员，除学科课程外，提供初中三年及高一年级的物理、化学、生物的实验课程，既巩固知识又提高动手技能，能够更深刻地理解相关知识内容；已升入高中的学生，分文理科进行培训，有针对性地对学员所学过的知识进行梳理与总结，并为学员开设职业生涯规划课程。

为保证项目的连贯性与可持续性，该计划还搭建"中华英才空中学堂"网络平台，学员在假期到清华附中进行集中培养，平日回到家乡通过网络平台接受培养。同时，网络平台能够跟踪记录学员参与的每一个课程及活动，据此逐渐改进与完善，为今后更好地培养学员打下良好的基础。

基于多维度评价指标的高校招生制度改革

清华大学谢维和教授近年来关于高中新定位的文章引起了关于高中教育问题的热烈讨论。后来，谢维和教授又发表了关于高考制度改革的文章，触及高中教育改革深层次的问题。每每提到高中在人才培养方面的不足和诟病，大家总会不约而同地把矛头指向中国现行的高考制度。谢维和教授在文章中指出，"高考必须有，也必须改，这是客观事实，问题是如何改革"，他从对两个"兼顾变量"的分析出发，提出高校的三种入学形式，很有启发意义。

"入场须知"：区分高考与高招

首先我们要区分两个概念：高考与高招。高考是指每年举行一次的"普通高等学校招生全国统一考试"；而高招是指每年高校组织的招生工作，包括保送生招生、自主招生、特长生招生、国防生招生、完全按照高考成绩进行录取的招生等。人们很容易把高考和高招这两个概念混为一谈，这并不奇怪，因为在我国的高校招生中，高考分数几乎成了唯一依据。

作为大学入学选拔性考试的高考本身已经非常成熟，在严谨性、科学性、公平性、公信力等方面得到了广泛认可和接受。高招完全依赖高考成绩才是问题关键之所在。高考成绩依然要作为高校招生最重要的、具有基本底线功能的维度指标。但是，我们不能再让高考成绩作为高校招生唯一的维度指标，长此以往将严重影响中学的人才培养和大学的人才选拔，严重影响国家人才强国战略。高校招生制度的改革要为高考减压，不能让高考成为独木桥、单行道，不能让高考分数作为高校招生唯一的依据。

高校招生制度毫无疑问是基础教育的"指挥棒"。现行的高校招生基本完全按照高考成绩这个唯一的指标进行选拔，由此导致了高中教育过度追求分数，偏离了素质教育的正确方向，甚至偏离了教育规律和人才培养规律。高校招生制度是公平有余、合理不足。公平的地方就是分数面前人人平等，不合理的地方就是这一制度的执行不利于中学教育的健康发展、不利于高校的人才选拔、不利于国家的人才培养。

"特别提醒"：高校招生制度改革的必要性

要想真正实现素质教育，实现学生的全面发展和个性发展，必须首先改革高校招生制度。本文所说的高校招生制度是指一切与高校选拔和录取学生有关的规章制度，包括高考和高招。高校招生制度的改革难点在哪里呢？

从高校的角度而言，他们特别希望中学能培养出基础扎实、素质全面、富有创造精神的优秀毕业生，特别希望能选拔出真正优秀而富有培养潜质的拔尖人才苗子。但是，我们现在除了能为大学提供高考分数之外，无法为大学再提供任何其他具有公信力、权威性、科学性的选拔和评价指标，这使高校选拔学生时除高考分数之外无其他指标可用。

从中学的角度而言，既然高校招生选拔只看高考分数，自然就把主要精力投入到高考的准备上，"考什么就教什么，教什么就学什么"也无可厚非。中学也没有能力或积极性去为高校招生创造更多的维度指标，因为如果缺乏制度设计的前提和大学认可的前提，这样的创造是纯粹的冒险。

我认为，高校招生制度的改革必须是制度设计改革率先进行，高校和高中统一认识，高中学校先走一步，高校紧随其后配合行动。

选拔性工作应该遵从目标导向性原则，应该由选什么人来决定如何选人。不同的高校应对自己有不同的定位，应对生源有不同的要求。高校招生制度改革必须把选拔学生的评价指标由一维变为多维，根据自身对生源的要求确定对不同维度评价指标的考查权重。每年的高考由一次变为两次或者多次，把个别科目的考试由选拔性考试变为水平性考试，实现社会化、常态化。此外，高校必须认真研究基于多维度的学生评价选拔方式，在多维评价指标的基础上，努力实现选拔人才的科学、公平、效率和安全的目标，确保高校招生制度的公信力。科学，即选拔目标与选拔方式应该一致；公平，即公众认可度高，具备公信力；效率，即高校和高中的投入与产出要高度匹配；安全，即选拔环节要做到独立、不受干扰。

我国的高等学校，多年来仅仅依赖高考成绩选招学生，缺乏多元评价的理论研究和实践经验。为了真正实现高校招生制度的改革，各高校应该尽快投入人力进行研究，建立起各个高校独立而有特色的学生评价机制和选拔机制，最终形成基本固定的模式，必要时可以借鉴世界一流大学综合评价选拔学生的经验。

高考改革建议：设立资格考试和能力考试

如上所述，高考本身的改革不是高校招生制度改革的难点和重点，但是就高校招生制度改革的整体而言，高考本身的设计也需要进行一些改革，以配合高校招生制度改革整体目标的实现。

1. 英语考试社会化、常态化。

英语测试在难度控制、实现标准化方面相对比较容易，国内外标准化、有权威的英语考试比较多，有许多成功经验可以借鉴。在基础教育阶段，英语学习花费时间过多，效率偏低，也没有照顾到学生掌握语言能力的差异性和地域的差异性。在高校招生改革方案中，应该把英语从高考科目中独立出来，由选拔性考试变为水平性测试，实行社会化、常态化考试。高考中不再设置英语科目考试。可以由教育部考试中心设立专门的英语测试机构，统一负责组织全国的高中生英语考试，每年可以安排四至六次考试。英语测试机构要确保多次考试难度基本一致，必要时可以借助数据分析和统计理论进行科学处理。

学生在高中期间可根据自己的实际学习情况，自由报名参加英语考试，参加时间和次数都不受限制，申请大学时选择提交自己最好的一次成绩。每年国家可以为高职、高专和本科院校公布两个不同的英语分数控制线。高水平大学也可以根据学校对学生的不同要求公布自己的英语成绩控制线。

2. 高考每年由一次变为两次。

高考每年可以安排举行两次，但是两次考试的对象、功能和内容不完全相同，两次高考的时间可以相差五至六个月。例如，可以每年1月7日至8日举行第一次考试，每年6月17日至18日举行第二次考试。

第一次考试是"普通高等学校招生全国统一资格考试"（以下简称"资格考试"）。其对象是全体高三学生和社会考生，目的是系统而全面地检测学生学科基础知识的掌握水平，具有一定的区分度和选拔性。这次考试最主要的目的就是对学生进行分流，选拔出具有参加"普通高等学校招生全国统一能力考试"（以下简称"能力考试"）资格的学生，避免部分学生浪费无谓的时间和精力去准备高考。

第一次考试要强调基础性、全面性和综合性，可以采用全国统一命题，也可以分省（含直辖市、自治区，下同）自主命题，各省可按照当年本科招生计划人数的120%至150%划定参加第二次考试的"资格线"。

资格考试的成绩还有两个很重要的作用：一是作为高职、高专学校提前招生的依据，二是作为大学自主招生的依据。通过资格考试的高三学生，可以集中精力去准备能力考试；没有通过资格考试的学生，可以选择直接申请入读高职、高专学校。高职、高专可以分两次招生录取，但要统一入学。第一次安排在高校招生资格考试之后进行招生，主要面向未能通过资格考试的高三学生，可根据学生的资格考试成绩进行择优录取；第二次是在能力考试之后进行招生，主要面向虽然参加了能力考试但未能被本科院校录取的学生。

资格考试之后，各省根据自己的实际情况，设立高职、高专的录取分数线。上线的所有考生都可以直接向高职、高专递交入学申请资料，高职、高专院校可以对其中未获得本科报考资格的学生进行正式录取，对获得本科报考资格的学生进行"预录取"。高职、高专院校应合理分配招生指标，用于下列三类具有高职、高专入学资格的学生的录取：第一类是未获得本科报考资格的学生；第二类是获得本科报考资格但愿意申请入读高职、高专的学生；第三类是获得本科报考资格但最终未被任何本科院校录取的学生。资格考试之后，所有高三学生将分成三类。第一类是通过了资格考试的学生；第二类是未通过资格考试但分数达到高职、高专录取线的学生；第三类是资格考试分数未达到高职、高专录取线的学生。中学要为以上三类学生安排好最后一学期的学习和培养工作。第一类学生主要进行高考复习和大学预备教育；第二类学生主要进行一些高职、高专的通识预备教育和不少于四周的社会实践活动；第三类学生集中进行职业技能型的教育和培训，为学生毕业后步入社会、就业进行充分准备，必要时可以安排八周左右的职业技能实习。

高校招生资格考试全面考查学生综合学业水平，强调文理并重、学科均衡发展理念。资格考试难度不宜过高，能较好地起到本科与高职、高专的分流作用即可，难度应介于学业水平测试和传统高考之间。这样的安排，也可以有效避免高中过早进行文理分科，把高中文理分科延迟到高三最后一学期进行。

第二次考试为能力考试，面向已通过资格考试的高三学生和社会考生。

能力考试与资格考试的目的和定位有所区别。能力考试的对象是具有报考本科院校资格的学生和社会考生，试题的难度、考查的侧重点应该有别于传统的高考，以能力考查为主，侧重于考查学生综合运用所学知识分析问题和解决问题的能力。可以借鉴美国学术能力评估测试、国际学生评估项目的命题思路，新设置一门旨在考查学生学术潜力、创造力、综合运用所学知识分析和解决问题能力的考试，这一考试不针对某一特定学科，文、理科考试内容可以相同也可以不同。

按照这样的方案，通过了资格考试的高三学生需要花一学期的时间来准备能力考试。能力考试主要考查的是学生的综合素质和能力，无法进行应试训练。这有利于引导学生多读书、多关注社会、多发现问题、思考问题和研究解决问题，有利于学生能力的培养。

高校招生改革建议：建立多维度评价选拔体系

目前制约高校招生制度改革最大的难点就是我们只能为高校选拔学生提供一个维度指标——高考成绩。要想促进学生全面发展、健康发展、个性发展，必须建立尽可能全面的、多维度的评价选拔指标体系。该指标体系必须具备以下特征：

第一，重要性。新的维度指标能够体现出高中学生发展的核心素养，有利于引导高中教育健康发展。

第二，科学性。新的维度指标的设立必须经过严密、科学的论证，一定要具有可测量性、可比较性和一定的区分度。

第三，公信力。新的维度指标的评价方式和过程必须具有严谨性、公平性、客观性和权威性，要能得到专家的高度认同和社会的全面认同。

根据这三个特征，考虑到目前基础教育的现状、我国的社会现实和多年来在高校招生中积累起来的经验，借鉴许多世界一流大学选招学生的成功经验，高校招生可以增加如下几个新的维度指标：资格考试成绩、能力考试成绩、英语考试成绩、大学先修课程成绩（大学先修课程中心统一组织）、中学选修课程成绩（中学选修课程中心统一组织）和学业水平测试成绩（省级统考）。

当我们能够为大学创造出这么多可采用的评价维度指标之后，如何综合使用这些维度指标是对大学巨大的挑战。我国的大学，仅仅依靠高考成绩选拔学生的时间过长，缺乏对基于多维指标评价选拔学生的理论研究和实践经验，这是我们与世界一流大学存在巨大差异的一个重要方面。一个在评价和选拔学生方面不具备一流水平的学校，很难选招到一流生源，这样就难以培养出一流的人才，也不能引导高中教育的健康发展，从而对国家整个的人才培养体系带来消极负面的影响。

当然，大学缺乏对全面、科学、多维度指标的研究和实践，其重要原因是我国的教育体制并没有赋予大学这样的权利。在高中创造出可用的多维指标体系之后，教育管理部门要放权给高校去综合使用，高校要敢用、会用，建立起自己基于这些多维指标的学生评价和选拔机制，做到科学、合理、公开、公平、公正。高校一定要向社会公布综合评价的选择和方式，接受社会监督。这是对大学选拔评价学生能力的挑战，也是在人才强国战略中大学义不容辞的历史使命和时代责任。

还有一些辅助性的重要指标，高校评价选拔学生时可适当采纳。如果我们的社会发展到一定时期，建立起了良好的诚信体系，这些辅助性指标完全可以直接作为高校招生选拔学生的维度指标，包括平时成绩（总学分和模块考试、期中考试、期末考试成绩等）、学生特长（高中期间获奖成果、研究成果、比赛成绩等）、综合素质发展记录（学校要确认记录的真实性）、学校推荐（校长、班主任或任课教师的推荐）、高校综合面试成绩等。

下面分别介绍主要维度指标和辅助维度指标的具体含义、指标获得方式及高校招生时采纳方式的建议。

1. 资格考试成绩。

资格考试是全国或分省统一考试。高职、高专第一次招生时可以主要依据资格考试成绩，结合学生学业水平测试成绩、英语成绩、综合素质发展记录等进行录取；本科院校在进行自主招生时，可以充分综合利用资格考试成绩、大学先修课程成绩、中学选修课程成绩，不必再组织单独的笔试；高校也可以在能力考试之后进行招生时再次采纳资格考试成绩，与其他维度指标一起综合采用。

2. 能力考试成绩。

能力考试也是全国或分省统一考试，只面向通过了资格考试的学生，为本科院校选拔学生服务。在参加能力考试人数减少、学业水平差距减小之后，考试的难度和区分度更容易控制。为了避免中学教育过度追求分数导致应试教育，能力考试成绩的采纳一定不能"分分比较"，而应针对高校的不同情况，按省确定五个批次的本科学校申请资格线，对于达到申请资格线的学生，不再单纯比较分数，而是要综合考虑其他重要维度指标和辅助维度指标来选拔录取，而能力考试成绩在这里仅仅发挥一个确保底线的作用。

五个批次的学校要由教育行政部门的权威部门来确定。例如大致可以按照"985"学校、除"985"学校之外的其他"211"学校、其他一本学校、二本学校、三本学校来确定五个批次。各省五个批次的分数线可以根据该批次大学招生计划总数按照 1：1.2 或 1：1.5 来设定。考生通过网络选报大学、填报志愿，一般同批次大学可以申请三至五所。为了最大限度地保护考生利益，应该在同一批次录取中采取平行志愿模式。

3. 英语考试成绩。

英语测试实行常态化、社会化、标准化，由一个专门的考试机构负责，为学生出具标准的成绩单。各地可以根据实际情况，公布各批次的英语分数线，各大学可以根据自己的具体情况公布英语分数线，达不到规定分数线的不能申报。

4. 大学先修课程成绩。

大学先修课程是在中学开设的、具有大学水平的选修课程，面向对象为高中学有余力的拔尖学生。这些课程由全国大学先修课程中心统一制定课程标准、统一编写教材、统一进行考试评价，并对开设大学先修课程的中学进行资质认定，对讲授大学先修课程的教师进行培训、考核和资格认定。学生修习大学先修课程所获得的学分不仅可计入中学选修课程的学分，而且成绩可以作为大学评价和选拔学生的重要依据。此外，如果先修课成绩达到大学的规定标准，学生进入大学之后，大学还可以承认学生在中学期间所获得的学分，并可免修大学开设的同样内容的课程。

5. 中学选修课程成绩。

在新课程设计之初，每个学习领域都编制了若干门国家级中学选修课。但是，因为不作为高校招生依据，在高中几乎没有开设。如果能够选定一些这样的选修课程，将其成绩作为高校招生的维度之一，会调动中学开设此类课程的积极性，从而为学生提供更多具有丰富内涵的课程，有利于满足学生的求知欲和个性化发展需求。这一举措也从国家人才战略高度将教育目标与教育内容、教育方式统一起来。

6. 学业水平测试。

一定意义上，资格考试和能力考试是对学生的终结性评价，而学业水平测试更像高中学习效果的过程性评价。但是原本可以作为高校录取重要依据的学业水平考试现在在很多地方已经成了一种形式，仅仅能够决定学生能否拿到高中毕业文凭，因为大家都将眼光放在了高考成绩上。而要把学业水平测试纳入学生评价，测试在组织上就应该更加正规、严格，取得公信力、可信度和区分度。学业水平考试应该实现社会化、专门化、标准化，建立专门的机构来负责。学生可以自己报名参加，甚至可以多次报名参加考试。成绩可以设为A、B、C、D、E、F六个级别，要增加区分度，变成真正的学业水平测试。

7. 其他辅助维度。

高中新课改推出了学生的综合素质评价，出发点和立意都非常好。但是，从实践层面而言缺乏可操作性。由于不同学校的综合素质评价不具备可比性，所以不具备成为高校招生可采用维度指标的特征。对于学生非学业类型的综合表现，应该重记录轻评价，甚至只记录而不评价。可以经过深入研究，把能充分体现学生综合素质发展的活动和行为如实记录下来，并要有可靠的证据支撑和旁证材料。高校根据自己的标准，通过网络审阅来评估学生的综合表现，在招生选拔时予以适当参考。

展望：教育改革需要大胆实践

如果按照这个设想进行高校招生制度改革，不仅对中学课程改革指导意义十分巨大，也使得中学教育内容与招考选拔方式能保持高度的一致性。

届时，中学课程将分为三个大层次：第一个层次是必修课程；第二个层次是选修课程（国家级选修、校本选修）；第三个层次为大学先修课程。这三个层次的课程为全体学生、部分有拓展能力和需求的学生、少数富有天赋和优秀潜质的拔尖学生提供了适合自身发展需要的内容。

总之，我们一切改革的出发点都是要改善我国现行教育体制中存在的问题，让我国的人才培养和选拔机制得到优化，让高考这个"指挥棒"真正在人才培养中、在学生的发展中发挥其应有的作用，让更多的学生享受平等的受教育、受考核的机会，进而获得更大的发展和深造空间。我们的最终目标就是要让中国的受教育者们享受到更加平等、高效、科学、符合其个人特点和需求的教育。

教育改革，需要研究，需要讨论，需要争论，需要呼唤，更需要大胆的实践探索。如果我们没有勇气改革高校招生制度，我们就不可能彻底改变应试教育的现状，不可能改变我们人才培养的基本格局，就难以实现人才强国的梦想。

八省市高考改革方案带来的启示

2014年，上海、浙江首批开始高考综合改革试点，北京、天津、山东、海南四省市于2017年启动改革试点。前两轮试点在完善高中育人方式、增强学生综合素质、优化高校选才方式等方面进行了积极探索，取得了有益经验。在此之后，广东、福建、湖南、湖北、重庆、江苏、河北、辽宁八省市也发布了高考综合改革方案，从2018年秋季入学高一学生开始启动改革。

高考改革总的目标是要逐步形成"分类考试、综合评价、多元录取"的招生模式，探索和完善科学育才、公平选才的机制，落实立德树人根本任务，引导中小学转变育人方式，促进学生全面发展、综合发展。

上述八省市的高考方案，是在认真调研、吸收和借鉴前两轮改革试点的经验，并结合本省市实际的基础上制定的。八省市的高考方案将采用"文理不分科、语数外＋自主选科（3+1+2）"模式，按照"两依据、一参考"的原则录取。总体看，八省市的高考方案有以下四方面的特点。

一是有利于衔接中学教学实际。八省市的改革方案（3+1+2模式）使组合数减少为12种，有利于中学安排教学，有利于减少学生的焦虑和茫然，方便学生做出选择。

二是八省市的高考方案规定，物理和历史这两个科目，学生必须从中二选一。自然科学大部分专业与基础物理知识密切相关，而在人文社会科学中，历史的方法、历史的视角能够让我们形成贯通古今的脉络，从而更好地理解其他领域的文科知识。这一方案凸显了物理和历史在人才选拔和培养中的基础作用。

三是在赋分上确保科学和公平公正。物理、历史采用原始分，其余四科等级赋分，一分一档，既确保不同科目分数具有可比性，又增加了考试的区分度。

四是八省市的改革方案在时间安排上更灵活，各省市可根据本地实际情况安排考试时间，允许英语将听力测试和笔试分开进行，将听力放在平时并实行机考。这既保证了中央关于新高考改革的精神落地，又有利于地方因地制宜，稳步推进高考改革。

八省市的高考改革方案，对前两轮试点改革方案有继承也有发展，很有可能成为今后更多省份的选择。新高考改革方案对中学的教育教学带来一系列挑战，提出了许多新的研究课题。要应对这些挑战，让新高考改革取得预期的政策效果，普通高中必须做好以下三方面的工作。

一是做好与选课走班相关的教学管理工作。因为有不同的组合，学生有不同的选择，选课走班成为一种必然的教学组织形态。如何走班、怎么排课？师资及硬件条件是否具备？学校需要在现有基础上，将教室、教师、上课时间等诸多变量协调起来，做好科学的统筹安排，这不是原有的人工排课方式所能轻易解决的。清华附中开发了"空中学堂教务教学管理系统"，主要包含在线教学系统、在线学习系统、德育活动系统、校本课选课系统、选科系统、成绩系统、课表系统、个人中心系统等。学生可以灵活实现五选三、六选三选科及校本课选课，可以自主进行学习与活动管理、成绩及考勤管理等。这一教务教学管理系统在学校校本课申课、审课、选科、排课、学生成绩管理等方面发挥出积极作用，并逐步积累、充实校本资源库，极大地提高了管理效率。

二是积极开展生涯规划教育。那么多种组合，学生该如何选择？学校和家长不能包办代替，也不能完全不管，应该积极开展生涯规划教育，搭建相应的平台，让学生认识自己、认识社会、认识不同职业与行业，了解自己要成为什么样的人，从事什么样的职业，愿意过怎样的生活。清华附中成立了生涯规划办公室，组织开展各种形式的活动，帮助学生在课业学习的同时探索个人潜力，了解大学学习生活，了解未来专业选择与职业发展，为选科和个人学业规划、长远发展打好基础，避免选择的盲目性。

三是要做好综合素质评价工作。根据新高考方案，综合素质评价是高考录取的"重要参考"。中学应该借助信息技术手段，认真研究学生学习成长过程中"高影响力"的事件，以"纪实"的方式，做好学生的综合素质相关数据和事例的记录、存档工作，以供高校录取时进行评价、参考。让综合素质评价在高考选拔中发挥更大的作用，才能真正改变单一的人才评价标准和选拔模式，逐步落实高考改革的总目标，改变应试教育大行其道的状况，为中学落实立德树人的根本任务，形成德智体美劳全面发展的更高水平的育人体系创造条件。

从总体上看，八省市"3+1+2"方案与先行试点省市的"6选3""7选3"方案在改革的基本方向、基本理念上是一致的。先行试点省市取得了一定的成绩成效，也有一定的经验积累，在实施中要多组织不同省份之间的交流、不同学校之间的交流和讨论，在实施中不断完善和提高。我们相信随着改革省份的不断增加、经验的不断丰富、方案的不断创新，这次的高考改革一定会更好地实现促进育人模式改革、克服教育顽疾、落实立德树人的初心。

真正发挥好中考改革的积极导向作用

继 2014 年年底国家颁布了关于高考改革的一系列政策和文件之后，教育部又推出了中考改革的指导意见。这些都是教育综合改革的重要举措，对全面提升教育质量和人才培养水平至关重要，对初中教育、高中教育甚至高等教育将产生深远的影响，对改进和解决基础教育中存在的许多问题具有非凡意义。

面对一项新的改革举措，作为基层教育工作者，一是要全面了解改革的背景，充分认识到改革的必要性和重要性，积极主动地去应对和落实；二是要清晰地掌握改革的目的和意义，正确地把握好改革的方向；三是要在师资队伍、教育教学管理、学校的资源重组等许多方面积极准备，提高教学水平和培养质量。

毋庸讳言，我们传统的中考和高中招生政策在落实全面育人、立德树人和综合素质培养等方面都有需要改进和提高的地方，这次改革最重要的目的就是要努力缓解或彻底解决这些问题。这项改革对于解决文理偏科的问题，对于缓解学生过度训练、重复训练、机械记忆和负担过重的问题，对于解决唯分数选招学生的问题等，都是非常有意义的。

面对即将到来的中考改革，中学需要积极做好准备，这样才能从容应对，让改革真正发挥积极的作用。

第一，要做好师资储备。过去我们比较重视传统意义上的中考科目，所以中考科目方面的师资力量比较雄厚，相对而言，其他科目的师资力量就比较薄弱。这次改革，意味着更加重视全面发展和素养培育。这就要求我们一定要解决好各学科师资配备均衡的问题。

第二，要解决好教学管理和安排。这次改革，在强调共同基础的前提下，适当考虑学生的个性发展和兴趣爱好，增加一定的选择性，这就要求我们开设好各门课程，加强学生学业和生涯规划指导，为学生全面而富有个性的发展提供条件。

第三，要处理好共同基础、个性发展和选择性的关系。由于未来要实行全科学业水平考试，而在中考录取中又要有选择地使用部分学业水平测试的等级作为评价录取的根据，这样就存在一个省市选择科目的问题和每个学生选择科目的问题。如何处理好统一评价与个性选择的关系，会给我们带来一定的挑战。

此外，学业水平测试要侧重考查学生的能力，包括实践动手能力和创新思维，这对于教师的教学方式和学生的学习方法都会带来新的挑战。

第四，综合素质评价是中考改革成败的关键。综合素质评价的推出，让我们更加关注学生的综合发展，扭转以考试成绩和分数单一地评价学生的局面，克服了仅仅用终结性的中考成绩来选拔学生的弊端。只要做好客观真实的过程记录，建立公开透明的公示体系，就能确保评价的权威性、科学性和公平公正性，那么综合素质评价就一定能够发挥很好的作用。清华大学附属中学近年来的实践经验已经证明，这些是可以做到的。在这个问题上，初中和高中、学生和老师、教育行政部门和社会各界都应该正确理解、充分信任、全面支持。

互联网时代的核心素养与评价

习近平总书记在北京大学师生座谈会上的讲话中提出："国势之强由于人，人才之成出于学。"培养社会主义建设者和接班人，是党的教育方针，是我国各级各类学校的共同使命。党和政府要求优先发展教育事业，深化教育改革，加快实现教育现代化。

在互联网时代，作为实现教育现代化的有力支撑，教育信息化被寄予厚望。人们期望将最先进的理念和技术尽快应用于人才培养，发挥"教育＋互联网"的优势，为国家培养出各行各业的优秀人才。那么，如何选择先进的技术，实现教育与技术的融合，以发挥出教育更大的效用呢？我们认为，应遵循教育科学规律，让技术服务于教育，即教育需要什么技术，我们去找到它并加以融合应用；而不是有了某项技术之后，不管是否适用，就千方百计甚至牵强附会地把它用于教育，这反倒不利于教育的发展。

若想让技术在教育中真正发挥作用，有几个本源性的问题需要我们认真思考并做出回答：首先，学校教育应培养学生具备哪些素养？其次，用哪种路径和方式去培养这些素养？再次，如何评价学生是否具备了这些素养？最后，如何使评价的结果在人才的选拔上真正起到作用，以及其间我们需要应用什么技术？我们期待着技术对教育产生实质性的改变，从而真正改变我国教育的现状。

互联网时代的人才培养目标

知识经济时代的到来、日新月异的数字化技术、日益加速的全球化进程，都对社会个体提出了前所未有的挑战。传统教育所关注的固定学科知识和常规性问题解决技能，已经无法让个体成功应对复杂多变的现实世界。每个国家、每个国际组织，都在研究学生应该具备的素养目标。21世纪初，国际经济合作与发展组织、联合国教科文组织、欧盟等国际组织已先后展开了核心素养的研究。受其影响，美国、英国、法国、德国、芬兰等国家也加入进来，积极开发核心素养课程。中国于2016年发布学生发展核心素养框架，并在高中课程标准修订中突出了学科核心素养的培养。

关于互联网时代学生究竟应具备哪些核心素养，目前讨论比较多的是21世纪技能，主要包括学习与创新技能、数字化素养技能、生活与职业技能。美国则将"4C"（创造创新能力、批判性思维与解决问题能力、沟通交流能力、合作协作能力）作为未来人才的关键能力；我国则提出了人文底蕴、科学精神、学会学习、健康生活、责任担当、实践创新这六大学生发展核心素养。

不难看出，尽管各国家、各国际组织对学生素养培养目标的表述方式不太一致，但差异并不明显，都强调发展学生在应对各种复杂的现实问题情境时的思维能力，在团队中持续的沟通与交流能力，面对现实生活中各种挑战性问题的创造性解决能力等。在目标大同小异的前提下，为何国内外教育的结果会产生巨大的差异呢？这主要在于，在实现目标的路径和方式上差异明显，在评价上更是千差万别。

素养的培养须由课程、教学方式、活动和评价共同支撑

对于教师和学生来说，素养的培养必须借助于具体的教育、教学活动，依据具体的做法，落实到日常的行为上。比如，对一名高中教师来说，他需要了解并掌握在高中的三年中，每学年、每学期、每个活动，甚至每节课应如何设计和实施，才能够把学生的素养培养出来。如果教师不知道素养的具体培养方式，就会演变成"你说你的，我做我的"，教育目标得不到有效落实。因此，确立培养目标之后，还应帮助教师找到实现培养目标的路径。

我国恢复高考 40 多年以来的实践证明，传统的教育方式不能保证学生在受教育后拥有全面发展的核心素养。如果技术能够促进学生学习方式的转变，将以教师为中心、以课程为中心的讲授式教学方式，转变为以学生为中心，包含研究性学习、项目式学习、跨学科整合的学习方式，我们将有机会部分地实现培养学生核心素养的目标。在建设清华附中课程体系的过程中，我们真切地感受到，要想真正培养学生全面发展的核心素养，必须由课程、教学方式、活动和评价来共同支撑。我们曾就这几个方面与国内外教育进行过简单的对比，得出以下结论。

首先，在分学科的课程教学上，各国大同小异。比如，国内外数学、物理等学科所教授的内容并没有本质差别。中国相关课程的教学内容绝对不比世界上任何一个国家少，也不比他们浅。但结果呢？我们除了培养学生考高分的能力外，所得甚少，学生解决实际问题的能力仍很薄弱。

其次，在分科教学的方法上，各国差异较大。我们的课堂普遍是教师在慷慨激昂地讲，学生在奋笔疾书地记，课堂看上去井然有序。但走进清华附中的国际部，不了解情况的人会觉得教室里十分混乱，分不清谁是教师、谁是学生。十来个学生围在一起，七嘴八舌，吵吵闹闹。可吵了三年等他们毕业时，却发现这些学生个个优秀。这不禁让人思考：难道还有另外一种方式可以让学生既掌握知识，又掌握能力，还能具备创新性思维和批判精神？的确有，因为

他们已经做到了。

再次，在跨学科的课程与学习上，各国的差异可谓天壤之别。现在风靡全球的 STEM 教育，本质上是强调跨学科创新能力的培养，提倡多学科融合和系统学习，并综合运用所学知识解决现实世界中的问题。其中，最重要的是学科核心概念的理解与运用，以及在学科互相交叉之后，跨学科思维与创新能力的提升，这种能力就是未来社会所需的关键能力。从这个意义上来说，我国很多工程和项目本身就是 STEM 项目。比如天宫二号，它集结了多学科的专家使用多领域的知识方法来解决一个现实的目标任务。然而，到目前为止，我国几乎没有跨学科的课程，更谈不上探究性学习和实践性学习。清华附中在这方面做了一些尝试。在社会实践考察课程中，我们让学生走向全国，通过预先设计的课程学习相关知识，结合实地考察进行分析和研究，最后完成一份科学系统的考察报告。在宁夏，我们给学生一周时间，用八个学科的知识来处理交给他们的学习任务。学生在整个活动中没有感觉在玩，而是在更生动、更现实、更深刻地学习。可见，游学、研学是需要设计的。如果学校没有进行深刻的、系统的设计，就不可能把所有学科的知识都用在这次考察活动中。

最后，在分科教学的评价上，国内外的差异十分显著。中国教育现在面临着很多问题，但众多问题的根源在于，选拔不太合理、不太科学。我国教育的评判手段到目前为止还非常简单和单纯，那就是考试。既然只有考试最保险、最公平，也最公开、透明，那我们就不敢使用其他的评价方式，只能考试。考试可以检验一个人在某门学科上的学习程度和水平，但它目前尚无法检测出一个人的整体素养水平。相比之下，2017 年，由近百所美国顶尖私立高中组成的能力素养成绩单联盟（Mastery Transcript Consortium，MTC）则创设了一种全新的学生评价体系——新模式（A New Model）。该评价体系不含分数，也不评级，而是会持续地追踪记录、评估学生的八项能力，分别是分析和创造性思维，复杂沟通（口头及书面表达），领导力及团队合作能力，信息技术及数理能力，全球视野，高适应性、主动探索、承担风险，品德和理性兼顾的决策能力，以及思维习惯。十年之内，这种动态的电子档案将终结学术能力评估测试、美国大学入学考试（ACT）等"美国高考"，成为全美大学录取新生的评价体系。

通过上述对比，不难看出国内外教育的差距是从哪里拉开的。不是因为我们缺乏"高、大、上"的理念和目标，也不是因为我们的课程太简单或太少，而是在跨学科课程、教学方法以及教学评价等方面存在较大差距。

以综合素质评价为例，分析应如何评价学生的素养

对于教育而言，有三个环节至关重要，那就是培养、评价和选拔。这三个环节处理得好与坏，直接影响到教育的发展。中国的基础教育之所以不能很好地贯彻素质教育，表面上看是培养的问题，本质上却是评价和选拔的问题。又因为评价是选拔的依据，所以评价尤为关键。

经典的教育评价是根据教育目标，运用有效的评价技术和手段，对教育活动的过程和结果进行测定、分析和比较，并给出价值判断。它以结果为价值判断的依据。例如，以考试的分数为判断的依据。但考试并不适用于对综合素质的评价，于是对综合素质的评价就陷入一个死循环：既然无法通过考试来评价学生的综合素质，那么综合素质就无法评价；既然综合素质无法评价，那么在人才选拔上就不能将其作为依据；在人才选拔上不将综合素质作为依据，就没有人真正去培养学生的综合素质。

因此，当前我们的任务就是，一定要想方设法把学生的综合素质给评价出来。国家中高考改革方案中明确了学生综合素质发展的方向和评价的要求，包括思想品德、学业水平、身心健康、艺术素养和社会实践五个方面。但仅凭这五个方面还无法直接评价学生的综合素质，因为一方面缺乏对培养过程的过程性记录，另一方面难以测量培养的结果。

经过将近十年的研究，我们认为找到了破解难题的方法，那就是通过过程来评判结果。因为素质是先通过学校的教育发展起来，再通过学生的行为表现出来的。通过对学生行为和素质的全方位比较，我们就能分析出学生的素养处于何种水平。对学校教育来讲，我们不仅要看终结性的结果，更要看学校为发展学生的素养设计了哪些过程和做法。把这些过程、做法和学生表现记录下来，就可以用来评价学校的教育。例如，尽管我们并不了解一所学校学生的体质如何，但如果知道学校每天都坚持让学生至少锻炼一个小时，那么学校的做法就是好的；如果学校每天只让学生锻炼十分钟，即便学生体检显示"体质合格"，学校的做法也是不好的。对于学校的评价，不要只依据培养结果，更要看培养做法。即使学校受生源影响，结果不是最棒的，但只要学校有好的过程和做法，那么对学校的评价就是优良的。这就可以摒弃过去以结果来定胜负的规则，变为以教育的过程和行为来评价一所学校、一名学生和一位教师，真正用评价来改变学校的教育生态。

这就需要基于学生行为记录大数据的形成性评价，其关键是学生行为的记录，通过累积的数据和数据变化来评价。目前清华附中已经完成了该评价系统的开发与应用。简而言之，我们将学生的行为进行了分类（约50个类型，可以动态变化），把学生原汁原味的学习行为过程分门别类地记录下来，生成基于学生行为的大数据，进而建立一个数学模型来发展性地、过程性地评价每个学生的素养水平。

图1中每一纵向列是一个档案柜，每列中的每一格相当于该大类中一个小类的档案抽屉，这里记录了学生三年或六年所有的行为记录。有些学生行为是可以量化的，比如学生做了哪些事、做到什么程度，都有明确的标准。学生提交记录，通过公示之后，经过有关组织的审查，系统会自动评定学生综合素质评价的积分。在多年的探索中，清华附中建立了相对科学的量化模型。

诚信道德	学业水平	身心健康	艺术素养	组织协调能力	活动实践	个人成长	集体奖励	其　他
道德奖励	学业成绩百分制	《国家学生体质健康标准》	才艺奖励	班内任职	活动实践奖励	学术志趣及偏好发展	班级体育奖励	好人好事
失信扣分	学业成绩五级制	身体机能	艺术成果展示	校团委学生会任职	党团活动	艺术素养及特长培养	社团集体奖励	……
纪律处分	学业成绩二级制	运动技能		学校社团任职	社团活动	体质健康与体育锻炼		
违法犯罪	作业表现	体育奖励		社会工作	生产劳动	感动感悟与交流沟通		
社会公益志愿服务	课堂表现				勤工俭学	读书分享与人文思索		
班级值日	课堂考勤				军训	阶段小结与个人反思		
课程班值日	学业奖励				参观学习			
文明礼让	会考成绩				社会调查			
集会表现	创新成果							

图 1　学生行为分类

尽管量化模型是统一的，但内容选择和评价标准是由使用者来决定的。比如，高校人员可以依据学生的原始记录选择重点考查的内容，设定高校的评价标准，认定学生考查内容的综合素质评价积分，最终决定评价结果在招生中的作用。相当于在高校招生时，面试还由高校做，最终录取谁由高校来决定。

图 2 展示的是系统中某名学生某次记录的内容。学生一旦有了新的动态，就像发微信朋友圈一样，会第一时间把文字内容和照片上传到同学圈里。在他上传之后，所有人都能看到，起到公示、监督和示范的作用，谁也不敢弄虚作假，因为在互联网时代，舆论监督是最好的监督。

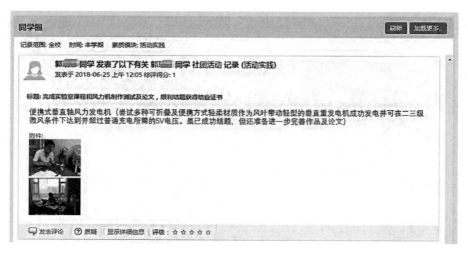

图2　同学圈公示窗口与质疑功能

综合素质评价系统具有动态量化功能，同时发挥指导发展和评价选拔的参考作用。系统可按评价内容与评价标准，计算学生的综合素质评价积分，形成班级、年级的各模块、各维度积分及分布等丰富的图表（如图3）。

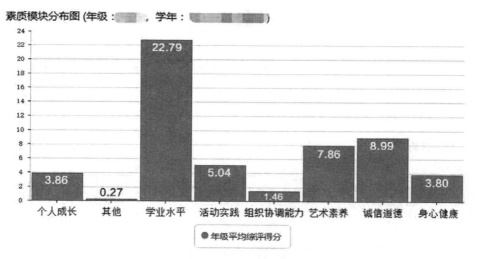

图3　根据综合素质评价记录生成的素质模块分布

图4是学生的综合素质评价发展电子报告单。报告单里不仅有分数、名

次，还有相关链接。点开链接，即可获取学生行为的全部原始数据，包括课堂、作业、学业……有多少个抽屉，就有多少项内容。报告单中的积分是在校级应用层面上按照每所学校的标准统计的。在高一级学校选拔时，招生学校可以选择考查内容，设定自己的标准，生成招生选拔的综合素质评价积分。通过这种方式，上一级招生学校可以迅速得到一个对报名本校的几万名学生的详细评价结果，还可以看到学生的原始数据，看到学生成绩与学生行为的关系。

学生综评发展报告单				
学生信息	姓名：	性别：女		学籍号：
	电子邮箱：　　　　　@thhs.tsinghua.edu.cn			
学段选择	学年：2016 - 2017 学年			
生成日期	2016 年 12 月 21 日			
打分模板	清华大学附属中学			
综评积分	169			
素质模块	模块总分		记录维度	维度总分
模块 1-学业水平	21		课堂表现	6
			作业表现	5
			学业表现	10
素质模块	模块总分		记录维度	维度总分
模块 2-艺术素养	77		艺术成果展示	62
			才艺奖励	15
素质模块	模块总分		记录维度	维度总分

图 4　学生综合素质评价发展电子报告单

技术在素养评价上的作用与价值

正如设计系统时我们所预期的那样，该系统不仅为学校提供了详细的数据统计分析，还让学校的教育理念和做法从分析结果中得到了印证，让我们办学更有信心和底气。

图5是学生喜爱的图书及阅读榜。这份榜单是根据学校组织阅读活动时平台自动记录的学生阅读数据得出的。平台自动记录的学生阅读信息能够帮助学科教师做好读书指导，引导学生爱读书、读好书。

书名	学生阅读热度
骆驼祥子	145
文化苦旅	42
解忧杂货店	34
名人传	28
俗世奇人	26
城南旧事	21
化身博士	20
中国通史	19
古文观止	15
人类简史	14
秘密花园	14
中华活页文选	12
朗读者	11
基督山伯爵	10

图5　学生喜爱的图书及阅读榜

图6是各类棋牌游戏记录分布，凸显了学生丰富多彩的课外棋牌活动，为学校培养学生特长提供决策依据。

图7是各球类活动记录分布，呈现了球类运动在学校的开展情况，也印证了良好的学生群众基础是学校在篮球、足球等比赛中取得优异成绩的原因。

图8是某市学生艺术类实践活动中的情感分析。基于该市学生艺术类实践活动的3万余条数据记录，可以看出学生的心理与情感状况，展现了该市学生积极、正向、努力进取等情感特点。

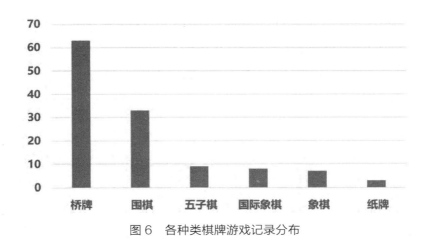

图 6　各种类棋牌游戏记录分布

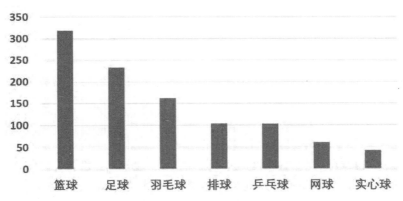

图 7　各种球类活动记录分布

图 8　某市学生艺术类实践活动中的情感分析

清华附中基于学生行为记录大数据的形成性综合素质评价系统自 2009 年开始研究设计，并进行了多次升级。在八年后的 2017 年，美国也设计了一个类似的系统——CAAS 系统。这是由美国 83 所高校共同创建的大学申请系统，目前已有几百所高校宣布加入该系统，几乎囊括全美久负盛名的高等学府，如哈佛、普林斯顿、耶鲁、加州理工、杜克等，并有三所大学只接受通过 CAAS 的入学申请。CAAS 申请系统的出台，正是希望通过新的评价方式打破学术背景独当一面的状况，招收更多具有创造力、领导力和思辨能力的学生。在这套全新的 CAAS 系统里，对申请学生课外活动的考量比以往更加严格。CAAS 系统主要开放了三大板块：虚拟储物柜、合作交流平台和申请门户。其中，虚拟储物柜类似于一个为学生准备并长期保留的网盘，学生可以随意上传自己申请大学的材料，例如学术论文、获奖情况、批改后的作业、项目研究成果，甚至生活随笔等。

　　CAAS 系统的一个重要特点，就是记录学生的整个成长过程，而不仅是短时间突击的文书和堆砌的课外活动。因此，我们可以看到这样一个趋势：学校对学生的考量，逐渐开始从一个点拓展为一条线，学生的成长历程、人格形成、未来发展趋势将成为比成绩更重要的东西。我们已经看到了美国招生政策中新的改革思路，这是我们快速推进改革，在综合素质评价体系建设上赶超国际水平的最难得的机会。

　　总之，在互联网时代，教与学的内容在改变，教与学的方式在改变，教与学的评价在改变。目前，我们教与学的内容偏多，教与学的方式改变得还不够，教与学的评价改变刚刚起步。如果这三个方面我们都做出了改变的话，我们的目标——培养学生的核心素养是能够实现的。在互联网时代，只有改变我们自己的理念，我们才有可能改变学校教育，并通过学校教育培养出更多的优秀人才，真正通过教育实现强国梦。

后疫情期，教育如何变革

回顾抗击新冠肺炎疫情的历程，回想"停课不停学"期间的日日夜夜，我深刻感受到，这次疫情给中小学的教育教学乃至整个教育带来了很大冲击，值得每一个教育人深刻反思。疫情犹如一次"大考"，我们只有尊重自然规律、把握教育规律、顺应学习规律，才能在大考中取得更好的成绩。

重新审视信息技术在教育中的角色定位

过去我们一直认为，信息技术可以使我们的教学变得更加快捷、更加方便、效率更高，但无论它多么发达、多么先进、多炫多酷，仍处于"辅助教学"的从属地位。信息技术在这次疫情"大考"中由"配角"变为"主角"，教育者和学习者都出现了很多不适应的情况。

突然遇到持续时间如此之长、涉及范围如此之广、防控难度如此之大的疫情，教师们在毫无准备的情况下，克服内心的恐惧和慌乱，继续开展教育教学工作，在工作压力、工作时长都远超往常的情况下，比较好地完成了"停课不停学"的任务，付出了艰苦的努力，这是值得肯定的。但是，"停课不停学"

期间，教育教学的形态改变了，学生居家学习，教师居家办公，师生之间的联系完全依靠互联网和信息技术，这样持续了一段时间之后，许多问题就暴露出来了。

虽然多年来，我们一直在努力提高教师的信息技术水平，组织了很多培训，很多学校建设了自己的网上教学平台，但是对其作用和价值的认识不够，对信息技术如何促进教育教学缺乏系统的研究，也没有经过专门的"演习"。在我们毫无准备的时候，抗击疫情的"战争"就打响了，我们只能"硬着头皮往前冲"。对于很多学校和教师而言，是边操练边打仗，甚至是边造武器边学习使用武器，这样必然会显得很疲惫、很狼狈。平台瘫痪、网络卡顿等问题时有发生，更别提教学方法、学习方式、测验测评方式的改进了。几十个孩子同时在线学习，师生之间难以良性互动，学生学习的差异化也难以得到及时反馈和处理。

这次疫情提醒我们，必须重视研究信息技术，做好储备，以后如果发生类似的情况，我们一定要能让信息技术担当起"主角"这个责任，教师和学生也能更从容地应对。

疫情如镜，照出了教育界各类人群的不足

新冠肺炎疫情犹如一面镜子，照出了教育管理者、教师、学生和家长在面对危机时的各种问题和不足。

1. 照出了教育管理者眼界的高低。

这次疫情中暴露出的很多问题表面看是社会管理的问题，实际上是个人道德水平和能力素质的问题，多多少少都有教育的责任，因为教育是培养人的事业，管理者决策失误、不懂科学、不讲诚信、缺乏担当精神，究其根本，与他们在接受教育时期理想信念教育、生命教育、诚信教育、科学精神教育的缺位或弱化有很大关系，作为教育管理者，应该反思教育的责任。

"停课不停学"期间的教育教学工作，有些学校做得好，有些学校做得差，原因何在？这与教育管理者的眼界高低、眼光长短及危机处理能力有关系。古人云："凡事预则立，不预则废。"有些教育管理者并没有从SARS、诺如病毒、手足口病等对教育的影响和冲击中吸取教训，"好了伤疤忘了疼"，依然没有建立危机应对的基本制度和学校运行机制，岂能临危不乱？平时对于危机处理不好好演练、总结，怎么保证上场就能运用自如？有些管理者认为，将资金、人力和时间精力花在信息技术平台建设和公共卫生危机处理上，是一种浪费，不知道啥时候能用上一次。这其实是一种侥幸心理和短视行为，没有养兵千日，关键时就无精兵可用。防患于未然，筑牢防护墙，才能在遇到各种各样的危机时确保教育教学的基本秩序不受到大的冲击。这难道不是教育管理者最重要的责任吗？

2. 照出了学生自主学习和管理能力的强弱。

"停课不停学"期间学生的学习状态、学习效果呈现出极大的差异。造成这种差异的根本原因是学生自主学习能力和自我管理能力有强弱。平时在学校里，由于休息时间和纪律的约束，加上老师家长的管教，学生的学习生活都是沿着设定的轨道前进。疫情打乱了计划，设定的轨道被拆掉，让学生们自由地往前走，有些学生就会不愿走或不会走，甚至完全进入黑白颠倒的混乱状态。这类学生的自我领导力，包括自我认知、自我规划、自主学习、自我管理等能力存在严重的不足。

造成学生个体之间自主学习能力、自我管理能力差异巨大的原因，在于平时所受教育的不同。有的学校，教师和家长代替学生做了很多事情，成人替学生把一切都安排好了，学生没有自己做主的机会，一切只需按部就班地做就好了。在居家学习这段时间里，也有一类特别听话的学生，表面上看很有自觉性，有人监督和没人监督一个样。老师要求什么时间做什么，他就做什么，让几点看视频就几点看，但这并不代表自主学习能力强，只能说是长期以来"训练有素"。一旦让学生自己安排时间、自己做计划，这些"听话"的孩子很可能会不知所措。是在别人的监督和管理下有秩序地做事，还是自主安排有序地做事，其价值和意义是不一样的。

3. 照出了教师线上教学水平的高低。

在面对面的课堂教学中，我们特别强调"启发式"教学法。老师提问之后，有一件很重要的事情，就是要跟学生互动。而在线上教学中，老师在互联网那边"启"了，学生在网络这边"发"没"发"，老师很难掌握。疫情期间，很多教师无法很好地驾驭网络教学方式，无论是教学设计还是教学方法，还是跟过去的现场教学一样，这种做法是不对的。我也发现，有的教师平时在各类教学比赛中表现并不突出，但在这次在线教学中，却深受学生欢迎，就是因为他掌握了在线教学的一些规律。目前，我们对于在线教学的规律研究得不够深入，如何做到时间短、更精炼、吸引人，这是教师们需要下功夫研究的。教学方式变了、教学平台变了，整个教学设计也要相应做出调整，一定要把学生设计进去。在线上教学中，教师的作用就是一个"引子"，把线下教学"满堂灌"改成线上教学的"满网灌"，肯定没人爱听。教师要让自己提供的资源成为学生自主学习的支持系统，并在学生可能会遇到困难的地方搭好"桥梁"，引导学生的学习步步走向深入；要想办法让学生主动参与，让学生担任重要的学习设计者角色，师生合作完成学习过程，而不是由教师独立完成整个教学过程。

4. 照出了家庭教育的成败。

这次疫情给家庭也带来巨大考验。孩子没法上学，很多家长也没法上班，父母每天和孩子待在家里，关注孩子学习状态的时间一长，就出现了很多家庭不和谐的情况，导致亲子关系紧张。在家庭教育中，父母之间的关系如何，父母本身处于什么样的心理状态，是积极阳光充满正能量，还是负面消极天天抱怨，对孩子的心理状态和学习效率影响是非常大的。

在这次疫情中，家长的境界、家庭的状态，包括家长的科学教育的背景，对孩子的影响都是很大的。在居家学习的日子里，父母可以同孩子一起学习、研究有关病毒的知识，既增长了知识，又增进了亲子关系、促进了家庭和睦。

有些学生学了生物，完全可以学以致用，用他学习到的生物知识来解释病毒和传染的方式，解释什么是免疫、什么是疫苗，解释为什么要戴口罩、勤洗手等等，这样也能把家庭的疫情防控做得更好。高中学生已经可以通过所学数学知识对疫情传播做简单的建模了，可以计算传染的概率，弄清什么叫传染指数，用模型试着计算在没有任何干预的情况下，多长时间所有人会全部传染上，等等。这既是知识的活学活用，也是非常好的疫情防控知识普及。

后疫情时期教育如何变革

疫情终将过去，一切会回归正常。若深刻反思，积极推动教育教学变革，从某种意义上讲，也能把坏事变成好事。

第一，要增强危机意识，做好战略储备。

新冠肺炎疫情可能卷土重来，还有可能会遇到其他意想不到的危机，当学校不能按传统形态运行、学生不能到校上学的时候，学校教育怎么办？我觉得各级学校都要有"战备"思想，就如同每栋楼建造的时候就要配备好消防设施一样，用不上最好，但不能没有。从现在起，我们一定要准备稳定可靠的线上教学平台和完整的课程，万一哪天学生无法正常上学，就可以从容地在家继续学习。我们还要从理论到方法、到整个学习过程，研究如何充分发挥信息技术在教学中的作用，如何真正提高教师的在线教学水平，如何在平时就培养好学生的自主管理能力，这些都是学校教育要做好的战略储备。

有了这样的储备，除了应对集体性的突发事件以外，还可以应对单个学校、单个班级的偶发事件。当某个学校或某个班级出现偶发事件，不得不停课的时候，停课的学生回家打开电视、接通网络，就可以继续学习了。

第二，加深对教育本质和学校内涵的理解。

我认为复课之后学校要分层教学，即使不能够完全分层分班，至少应该对一部分薄弱的同学快速、有针对性地补一补。

这次疫情丰富了学校的形态，或者说丰富了我们对学校内涵的理解。通过这次疫情，我们看到，一个学校最关键的就是有比较完整的秩序。学校不见得非要有围墙、不见得非要有教室。教育不见得非要以固定的组织形式来进行，重要的是必须有学习任务和学习指导。在学习的组织上，要有序，要讲究教育方法。虽然学生在家学习，但是同样能做到德智体美劳五育并举，教师可以通过互联网指导学生来落实学习任务和育人目标。学生的自主学习能力很重要，教师要指导学生做计划、控制节奏、建立秩序，形成学校的"精气神"或者叫学校的灵魂，保证培养人的核心任务不变。

学校的形态在疫情中有形式上的变化，包括育人的场所、育人的方式，还有在完成育人任务的时候每个人担当的角色，都会发生很大的变化，但是教育的核心任务并没有发生变化，那就是促进学生全面发展、健康成长。

客观地讲，在这次疫情的"大考"中，学校的育人任务完成得并不是太好，主要是因为没有预料到现在的学校形态会被打破，不是主动打破，而是被动地适应。后疫情时期，我们要主动谋划，积极备战，经常演练，这样才能长期保持良好的危机应对状态，提高教育教学质量。

第三，重新认识在线教学的价值，改进教学方式。

面对面的课堂教学过于重视"听老师讲"，对学生的自学能力、自我管理能力培养很不够。而事实上，学生不一定非要听老师教讲课才能学习，也不一定要"先听后学"，也可以"先学后听"。我认识不少取得巨大成就的人，包括清华大学、北京大学的院士，都有某个教育阶段是靠自学完成的。

疫情让学校教育、家庭教育、社会教育中长期积累的问题充分暴露出来。在线学习资源的特点是具有丰富的选择性，我们一定要尊重互联网的这种特性。在未来的教育当中，我们不但要储备在线教育资源，指导学生学习，还要培养学生自主选择学习资源和驾驭这些资源的能力，注重对学生自主学习习惯、自我管理能力的培养，要放手给学生自己做主的机会，让他们在新的教育形态、新的学习方式下自我适应、自我成长。

尊重规律，敬畏自然

——新冠肺炎疫情带来的反思

　　突如其来的疫情犹如一次"大考"，广大中小学按照教育部"停课不停学、不停教"的要求，利用互联网，积极开展线上教学，普及防疫知识，弘扬抗疫精神，凸显了制度优势，取得了很大成绩。当然，在战"疫"过程中，也暴露出不少问题，比如：教育管理上缺乏危机应对机制，资源储备和整合利用能力不足；教师信息技术应用能力不足，对在线教育的规律研究不够，教学设计缺乏选择性、启发性；学生自主学习和自我管理能力不足；等等。这些都是教育界在今后很长的一段时间里需要持续反思的。除此之外，我们还应该从价值观念的层面去思考：我们对"培养什么样的人"这一教育终极目标的理解是否到位？我们对学生的教育是否存在偏颇和缺失的地方？

　　古人云："天道恒平。"以这次疫情为鉴，我们应汲取传统文化中的智慧，遵循"天人合一"的哲学思想，多角度、多层次地挖掘疫情中的教育因素，提高学生的科学素养，让"绿水青山就是金山银山"的理念成为社会的自觉行为，让学生成为生态文明的积极建设者，不断获得成长的力量。

树立科学的生态道德观，敬畏自然，尊重自然规律

老子说："天地不仁，以万物为刍狗。"遥远的古人，就相信万物在天地之间是依照自然规律运行的。那时科学不发达，人类没有征服自然的能力。在科学越来越发达的今天，人类征服自然的能力越来越强，但是我们更要清醒、理智地意识到，人类只是世间万物中的一种，不能一味地"征服"，必须懂得节制。我们应尊重自然、保护自然，树立科学的生态道德观念，保持人与自然的平衡关系。

我们要修正在地球上以人类为中心的想法，尊重自然规律，保护动物、植物和其他生命体，实现人与环境的和谐共处。

坚定"人类命运共同体"理念，自觉遵守规则

这次疫情危机，再次证明习总书记提出的"人类命运共同体"理念是切合当下实际的远见卓识。事实证明，要想战胜新冠病毒，不是一个城市、一个省份、一个国家能够独立完成的，世界各国必须团结协作、携手应对。我们应该教育学生站在"人类命运共同体"的高度去看待身边的各种关系，处理身边的各种问题，团结协作、互帮互助。我们在武汉战"疫"和协助各国战"疫"过程中的所作所为，已经为此做了生动的注解。

团结协作、命运与共的一个重要方面是大家都要遵守规则、有规则意识，比如，疫情中用隔离的办法阻断病毒的传播，用戴口罩、勤洗手等方法降低自己被传染的概率，等等。规则意识的基础是自律和诚信，不能要求别人遵守规则而自己不守规则。遵守规则是利己与利他的统一，不遵守规则的人，最终都会受到相应的惩罚。

要擅于从教训中反思，补齐教育的短板

良好的卫生习惯和生活方式，不应只是危机下的要求，而应成为每个人日常的自觉行为。教育工作者要把这次疫情当作课程，努力"把坏事变成好事"。过去我们进行生命教育、诚信教育、爱国主义教育，提到向英雄模范学习，要无私奉献、不怕牺牲等等，学生总觉得离他们很遥远。这次疫情中，涌现出许多鲜活的人和事，学生们亲身经历了，亲自感受到了，一定有更深切的感受，对生命的意义、生命的价值就会有更深刻的认识。学生真的能感受到"哪有什么岁月静好，就是因为别人在负重前行"。

我们应该把中国"天人合一""天道衡平"的哲学理念作为后疫情期间重要的教育理念，并努力在教育教学中践行这一理念，保持人与自然的和谐共生，培养具有健全人格的人，促进人类的可持续发展，提高整个国家的文明程度。

APPENDIX

附　录

媒体访谈

触摸学校教育现代化的肌理

——《中国教育报》专访清华附中校长王殿军

现代化的人是国家未来现代化的保障

记　者： 您怎样理解教育现代化？

王殿军： 我认为教育现代化最核心的是教育理念、评价制度和管理制度等方面的现代化。

教育现代化不是一个绝对的目标，而是一个追求与时俱进、满足社会发展需求、不断向更高目标行进的动态过程。十年前所讲的现代化和今天所讲的现代化是不一样的。

教育现代化是思想观念和思维方法的现代化，至于说教学设施达到什么标准、校园环境达到什么层次、课程开发达到什么程度，只是相对的指标。比如，长期以来，严重影响高等教育和基础教育发展的最大弊端是我们选择了一种简单化的评价方式，那就是分数。早年间，这种评价方式发挥了巨大作用，但是时代发展到今天，如果我们依然不改革这种评价方式，教育现代化就无从谈起。应试教育最主要的问题不在于考试，而在于为了应付考试而变形的教育过程，导致学生的身心发展受到影响。教育现代化是为了全面地发展人，而以单一的评价方式去评价一个全面发展的人，完全不能适应时代发展的需求。有了现代化的、科学的评价方式，选拔才能够更加准确，才能把最合适的人放在最合适的教育平台上去培养。新一轮考试招生制度改革让我们看到了国家改革评价制度的决心，但是这个步伐还需要迈得再大一点。

教育现代化是体制和制度的现代化。现代化的教育观念能否落实，最终起决定作用的是体制和制度。如果教育体制和制度存在缺陷，那么现代化手段可能让我们在应试教育的道路上走得更加极端。整个教育体制和制度如果跟不上教育现代化的要求，教育现代化可能只是坐而论道，只是一个听起来很美但是在现实中不可能发生的故事。

教育制度层面的东西需要进行大胆的改革，教育需要一次有朝气、有魄力的改革。

记　者： 学校教育实现现代化应在哪些方面着力？

王殿军： 学校教育要瞄准未来时代对人才的需要、学生自身发展需求两个目标，即瞄准时代、社会的需求和人的发展需求。

现代化的教育是能够面向未来的教育，是能够适应未来需求的教育。站在社会需求的角度看，学校的任务是面向未来社会各行各业的发展需求，为未来的社会发展培养人才。因此，要实现教育现代化，就要充分研究21世纪对人才的需求，研究国家、世界未来发展对人才所应具备的能力和素养的需求。

站在人的发展需求角度看，在信息时代，现在的学生所具备的素质和自身发展的需求，与十年前、二十年前同年龄的孩子相比，有了很大的变化。如果还用之前的传统办法去教他，就无法很好地满足他的需要了。

以此反观，学校教育面临的最大问题是观念问题。而要树立现代化的教育观念，学校第一要了解未来社会发展趋势，研究未来的需求；第二要了解今天学生的情况，研究学生的需求；第三要研究现代化的学习方式。

学校教育怎样面向传统和国际

记　　者：在树立现代化的教育观念这个问题上，学校教育怎么面对中国传统的教育观念？

王殿军：中国是一个很重视教育的国度，很多教育理论的源头在中国，比如我们经常提到的有教无类、因材施教，甚至早期学校的雏形等也较早地在中国形成了。但我们要清醒地认识到，今天我们还不是教育强国。在近代，中国社会开始现代化初步进程的时候，我们在现代意义上的教育理论、实践、人才培养、教育技术革新等方面，并没有走到世界前列。这就意味着，我们在提教育现代化的时候，应该首先看到我们比别人落后的地方在哪里。我认为，中国教育现代化的第一步就是瞄准比我们先进的国家或地区，先赶上，然后再超越。

所以，教育现代化要求我们把眼光面向全世界，面向教育发达国家，面向人才培养最成功的国家，面向科技现代化、工业现代化和农业现代化程度较高的国家。因为一个国家要实现现代化，就要率先实现教育现代化，现代化进程都是靠人来推动的。如果人是保守的、缺乏创新的、缺乏素养的，怎么可能实现工业、农业等领域的现代化？所以强国必先强教，我国的全面现代化有赖于教育现代化，现代化的人是未来国家现代化的保障。

记　　者：对一所中学来说，学校教育的国际交流程度应该达到什么水平？

王殿军：我们对国际学校教育领域所发生的事情要有足够的了解。

第一个层面，教育管理者和教师必须具备国际视野。从国外学校的硬件建设，到学校的管理体制，再到评价、选拔方式和学校的教学方式、课程等，应该做起码的了解。

第二个层面，学生要具有国际视野。让自己的学生走出去看一看，把国外的学生请进来谈一谈、聊一聊。时间可能很短，就十天八天，但在初、高中阶段能够有一段时间在异国他乡，与说不同语言的孩子交流，进入他们的家庭、学校，知道在中国以外发生的故事，激发自己进行一些思考，这是中学生扩大眼界、提高见识、增长知识的最好途径。

第三个层面，对国外学校教育的各个方面，比如课程、教学方式、评价方式和教育方法等进行深入了解、对比，最终借鉴国外的一些理念和做法，改进我们的教育。

第四个层面，在借鉴、吸收的基础上实现对国外教育的超越，得到国外教育同行认可。我们应该有这样的自信。就拿大学先修课程来讲，国外只有学术类课程，我们在中国大学先修课程里设置了一些有关素质培养的课程，比如美术、音乐等。将来，普通老百姓和孩子能够通过中国大学先修课程了解大学有一些什么专业、每个专业是学什么的、需要什么基础、未来在哪儿就业等等，能够发挥生涯规划、升学指导的功能。

第五个层面，国内的中学还可以和国外一些著名中学联合开发实验室，两国学生共同学习，以远程方式合作完成一些项目。至于国外学校用什么黑板、教师用什么设备、校园怎么规划、楼房怎么建，这些都是比较容易借鉴的。但我更看重的是学校内部直接影响学生发展、直接影响学校教育形态的国际化。

记　者：中国教育走出去应该注意什么？

王殿军：改革开放以来，教育的国际交流一方面走出去，一方面引进来，取得了积极成果。从改革开放以来留学人员的情况看，出国留学人数总体上大于来华留学人数，因为总的来说，发达国家的教育比我们先进。到一定的时候，来华留学人数会越来越多，因为中国的教育在不断发展，中国的地位在不断提升，中国的创业机会、社会环境越来越有吸引力。教育足够发达了，人家愿意来留学了，就说明中国的发展、中国的教育得到了越来越广泛的认可。当来华留学达到相当规模的时候，教育走出去就有了基础。

课程的现代化直接影响到人才的现代化

记　者：课程体系是实现人才培养目标的重要手段。您认为现代化的基础教育课程体系应该是什么样的？

王殿军： 在培养人的问题上，如果做不到课程的现代化，会直接影响到人才的现代化。

与国际先进的课程体系比较，我们的课程体系存在这样几点差别。

第一是课程缺乏层次性，无法满足学生差异化的需求。同一个年段的孩子用同样的课程，其实是没有考虑到人在基础、兴趣、天赋等方面的差别，这是我们与发达国家在课程设置上一个很大的差别。我们研发的中国大学先修课程，目的就是为学有余力的学生提供可选择的差异性课程。

第二是课程缺乏丰富性，如果没有足够丰富多彩的课程，就会限制学生的选择性需求。

第三是课程缺乏综合性。比如说要研究北京雾霾的成因与治理，问题会涉及物理、化学、地理、环境和数学等多种学科的知识。这是基于问题的课程，对于培养孩子未来利用所学知识解决现实问题来说是极为重要的。另外是基于项目的课程，比如，北京市如何改善垃圾污染问题，需要调查北京市民对垃圾分类有什么观念、垃圾分类的解决办法等。基于项目和问题的课程才是综合性课程，综合性课程在西方培养人的创新能力和素养方面，发挥了非常大的作用，而我们恰恰缺少这类课程。

记　者： 学校教育现代化最应着力的方面有哪些？

王殿军： 从学校教育的角度说，首先要建立现代学校制度，实现现代管理。如果学校的管理体制没有理顺，无法实现学校教育高效运转，无法调动或凝聚教师的活力和创造性，同时在选拔、培养、评价学生等方面的手段都比较落后，我们就不能正确引导教师的发展，也不能正确引导学生的发展。如果整个学校的管理体系、评价体系和指导发展体系都比较落后，没有实现现代化，那么教育就不可能实现现代化。

其次要充分利用相关行业的现代化，带动教育的现代化。把最先进的技术创造性地用到学校教育上，是现代化的一个重要标志。学校管理者和教师要对技术上的进步和发展非常敏感。

教育可以充分利用信息行业的现代化带动教育发展。过去为了做到满足学生个性化发展的需求，根据学生不同的学习节奏、习惯，一般以班级为单位组织教学。现在流行的慕课和翻转课堂等，使我们可以更大范围、更大规模地改变教学方式，更充分地满足学生的个性化学习需要。

信息化手段不仅可以促进学习方式的变革，还能够实现传统管理实现不了的功能。比如，过去我们对一名教师究竟怎样理解自己的职业、研究了一些什么问题、写过什么文章、出版过什么专著、上过什么公开课等，很难系统地积累这些信息。但是在信息化时代，我们可以建设教师发展平台，每个人都可以把相关信息上传到这个虚拟平台上，大家互相分享、互相促进。

值得注意的是，如果把教育现代化狭义地局限在教育技术现代化、教育设备现代化，那是舍本逐末。

（《中国教育报》2016 年 9 月 22 日，记者／杨桂青，有改动）

创新：应从教育本质上突破

——《21世纪经济报道》专访清华附中校长王殿军

教育创新已成为一个热门话题。互联网等信息技术的进步为各种创新提供了可能，从国外的慕课、可汗学院到国内层出不穷大大小小的各类在线教育项目，教育创新已不再单纯是一个公共话题，同时更被看成一个产业和一片投资的热土。

与市场上辅导培训、在线题库、留学咨询等各类教育外围项目的火热相比，相对传统和封闭的体制内学校其实也在进行各种创新和突破，比如翻转课堂、走班制等，越来越多的学校在尝试用新的技术和教学方式来改进原有的课堂教学。

如何看待当前教育创新的格局？现有的各种创新能给传统的教育教学带来多大改变？在现有体制下，教育创新的空间有多大？教育创新能否消弭不同学校不同区域间的教育不均？市场上的资本和技术能否和传统学校有一些合作？

清华附中作为知名重点中学，在教育创新领域有自己的规划和探索。

清华附中校长王殿军在2007年之前，为清华大学数学系教授，先后担任过数学系研究生工作组组长、党委书记。可以说他对高等教育和中学教育都有很深的理解和思考。这样的经历使他与其他中学校长相比，在教育创新上更加敢想敢说敢干。

技术创新的"能与不能"

记　者：近两年，关于教育创新的话题持续热议，翻转课堂、走班制等等被很多学校尝试，您如何看待当前教育创新的格局？现有的各种创新能给传统的教育教学带来多大改变？

王殿军：教育创新，这是比较大的一个话题。人们对教育有一种说法，就是今天的教育是为明天或者后天培养人才，所以教育一定是面向未来的。人们对现在的人才不满意时，实际上等于在批评过去的教育。如果你今天不改变，那么明天、后天的教育结果和今天将是一样的，这是一个很简单的逻辑。大家都在寻求突破现有的教育模式。这个时候，信息技术至少让人们看到改变的可能性，翻转课堂、微课程等对改变传统教学有一定帮助。

从积极的层面看，现代信息技术的确能够弥补过去传统的班级制、统一节奏教学的不足。比如在中学，如果把视频和翻转课堂结合起来，孩子们可以在课下看视频，反应快的可能早早完成任务，反应慢的可以多花一点时间，翻转过来在课堂上的时候，大家掌握的程度基本上差不多。

在线教育的最大好处，是照顾到了个体的差异性，未来或许可以解决选择性问题。选择性比较复杂，大到选择哪个学科，小到选择什么时候学。学生可以选择学习时间、学习节奏——当把这种选择性交给学生时，其实就是把主动性交给了他。什么时候干什么，实际上这是一个人未来成为一个社会人时，管理自己的事、管理自己时间的一种能力，本身就应该是培养的一部分。我们以前大包大揽，在培养孩子的主动性、自主性方面，我们的教育是欠缺的。

对在线教育、翻转课堂，包括走班制，我觉得最积极的一面是把学生的自主性锻炼起来，把选择性交给学生。但是我们不能够依赖这些东西，因为新的技术再怎么好，它只能帮助我们调整，或者改变教学的一些模式或方式。但是本质上来讲，教育还是应该努力寻求一种突破传统模式的办法。

以数学教学为例，有一些老师从来都不用课件，他就是一支粉笔一块黑板，教得非常好，最重要的是能启迪人的智慧和思维。有些课堂则很活跃，发言热闹得不得了，但实际上可能大家只是在一些浅层次的概念上辩来辩去，并没有那种真正触动思想深处、令人惊奇的观点、思想或角度，其实这是"假繁荣"。

我一直反对在课堂上推一个什么"教学模式"。最好的教学方式就是没有模式。

人和人之间的情感的碰撞、思维的交流，是不可替代的。所以有些人喊信息技术来了，网络来了，将来老师就没了，要退休了。我说任何时候人都是最重要的，这个是绝对不会变的，不能迷信技术，机器只能是辅助，帮我们提高效率，帮我们跟紧时代。

这个问题牵扯到对教育的理解和对教育本质的思考。技术有非常大的局限性。我们不可以排斥它，但是也不可能完全依赖它，更不能让它取代传统的一些东西。

在线教育一定要有线下配合

记　者：但是好的老师总是稀缺的，信息技术可以把优秀教师团队的授课设计，辐射给更多学生，甚至偏远地区的学生。从均衡教育资源的意义上来说，是不是作用很大？

王殿军：一节课的设计和一门课的设计还是不同的。在线视频采用的是非常浓缩的方式，一些额外的话需要在翻转课堂的时候讲。相当于给你的是一颗一颗珠子，但是设计者知道怎么串才能变成一条漂亮的项链，而未参与设计的人就是弄一碗珠子，也串不成一条项链。你可以把优秀教师的每一讲视频都拿走，但是如果没有翻转过程中老师敏锐的观察能力，洞察到学生在这个阶段里，什么地方需要调整配合，是很难把课程设计的宏伟蓝图实现的。同时，你又不可能让设计课程的老师去指点和面对一万个、十万个在线的学生。

所以对于慕课，大家寄予厚望的原因之一是，名师非常有限，而单节课的这种设计能力，名师和普通老师差别巨大。慕课的出现似乎让人找到了一个解决办法，名师设计的每一堂课，可以在非常偏远的地方播放。但是，这中间缺少了我刚才说的，没有机会从整门课的层面帮助学生把珍珠串起来，当地老师没有这样的能力，而名师这边又不了解你出了什么问题。

所以说，在线教育要线上线下结合，不光是结合，还要配合，如果没有线下的配合，线上的东西就会大打折扣，看起来很好，但效果不一定很佳，这是我最担心的。我也试图做慕课，成立慕课联盟，把名校名师的课都系统地整合起来，然后向远方的薄弱学校免费开放。

记　者：有些学校的网校已经录了很多课程的视频，您做的慕课和这些有什么差别？

王殿军：那些网校录的是传统课，一录 45 分钟，我一直不赞成这样的形式。因为中学生这个年龄阶段，课外没有那么多时间来看长视频，可能一节课最有启发的就那么三五句话，快进时恰好没听见。

在线教育，我对微视频是比较欣赏的，因为它把最精华的东西浓缩，这样孩子在几分钟之内就能够把一个知识点掌握，但最难的问题是我刚才说的，把一个个知识点搭建成一个知识体系，不可能通过一两讲搭起来，这需要线下的老师帮学生把碎片式的知识变成体系化的知识。

远程在线教育，我认为在有些地方不能成为主流，只能成为辅助。一个地方社会发展落后，整个的文化、思维模式，一代一代都有一定的继承性，大家的思维模式、文化习惯、生活习惯决定了其学习的接受度是一样的，校长是这样，教师和学生也是这样，你弄一个新东西来，真不见得能够像想象的那样，一看视频以后就茅塞顿开、豁然开朗，全都懂了。现在最发达的国家，他们也做不到这一点。所以我认为慕课在解决教育均衡和公平上，能够有一定的作用，但是在促进一个学校的教育提升上作用有限。

慕课在大学效果比较好，是因为大学学习和中学学习很不一样，中学学习就像打基础一样，哪边都不能虚，但是到高层就不同了，学习可以有所偏重。中学所学内容侧重在两方面：一是对基础知识和能力的掌握，二是对思维的启迪。

在线教育辐射出去，我们要非常清晰地看到它可能存在的问题，其作用一定是严重衰减的，所以中学要强调翻转课堂，大学不需要强调这个。

体制决定创新空间

记　者：一个有趣的现象是，大家都说学校自主权非常少，但是在起草《国家中长期教育改革和发展规划纲要（2010—2020年）》的时候，教育部进行调研了解，发现很多高校，自主权放给他们都不敢要。

王殿军：确实是这样。举一个招生的例子，当别人把考试题出好，考完，卷阅出来，分数弄好，把你们学校的名单给你，分数给你，高校很轻松就把招生搞定了。比如说某高校在天津招80人，天津的名单在这，你也不能退档，数前80个，在天津的招生就完成了，无论是否真正选拔到了人才，无论考得是不是科学，那是别人的事，高校这么录取没人敢说不对。反过来，现在给你自主权了，高考成绩在这，你不一定按照成绩走，可以找别的方式，面试、笔试，看平时的表现，听听老师对他的评价，综合录取，高校反而不敢要这个权力。万一有人在当中有一点不轨的行为，对学校来讲就有很大的风险，社会也质疑，你对自己的人都不敢百分之百相信，这个时候这个自主权就不能要了，因为没有准备。

为什么世界一流大学人家就敢要？比如说耶鲁、哈佛、麻省理工、普林斯顿招生，难道就是把学术能力评估测试成绩排个序，招前 80 个人吗？当然不是，他们有委员会，有一套流程机制，养着一批人研究如何评价人、选拔人，他们有准备、有研究、有积淀、有经验。

我们在这方面是非常落后的，高校不敢要自主权的原因是它不会用，没把握控制的时候高校真不敢要。这导致选拔人才只能按照分数，对学生的创造性甚至健康成长都带来伤害。

我们已经花了 30 多年证明这个后果很严重，难道还要再花 30 年确认一下这个后果真的很严重吗？真的没有必要。所以我建议教育部门，首先要抓的是在高校或者全国建立起一支认真研究人才评价和选拔的队伍，建立一套科学的选拔体系，还得想办法把它通俗化，让大众接受。媒体得发挥作用，得让大家认识到全世界的名校是如何做的，人家如何在这种表面看起来有点模糊的体系里做到精确选人。

记　者： 作为一个中学校长，您觉得手头的自主权够不够？

王殿军： 肯定不够。首先，一个学生能不能毕业，我说了不算。政府认为他合格，给他颁毕业证，跟校长没什么关系。但是在美国不一样，校长在毕业证上签字得负责，校长认为合格的毕业生，如果水平很差，他会觉得很丢人。

另外一个是课程。课程最大的问题是没有一点儿差别。我希望课程在难度上有很多层次，广度上有选择性，课程之间还要有融合性。这些我们都没有。我有一个简单的比喻，学习一门课程就是全国的学生举同一个标准重量的杠铃，举不起来的也得天天试着举，能轻松举起来则要求快速举、反复举。

我觉得如果学校眼里没有学生的差异，我们的教育永远不会好。仔细研究美国和欧洲的教育体系，会发现他们一定会用某种方式照顾到这个差异，比如采取分流模式。像法国，学习过程中把学生进行分流，大家都很接受：我确实不如你聪明，你就该去成为科学家，我成为工程师。

我们是上面的压着，下面的推着，把学生挤在一个很平均的空间里，好学生在里面跳，天花板在上面，撞个头破血流，最后放弃了。等到大学真正把天花板去掉时，他们已经习惯了，已经有一个无形的天花板，不会再跳了。

记　者：现在的体制刚性决定了创新的空间会比较小？

王殿军：对。当然有人说，你就把课开难一点怎么了？这就牵扯到评价的问题，现在的评价就是高考，不考的东西学校去教，对人才培养有好处，但是对升学没好处的事，有几个校长敢做？人的精力是有限的，我们常说好钢用在刀刃上。用来砍高考分数的刀，和用来砍未来科技难题的刀，是不一样的，并且现在这把砍分的刀急着用。培养未来的科技精英，他需要的和现在高考选拔所需的是不一样的。

所以我现在搞了很多改革，是想有所突破。我本来想在校内突破，但根本不可能，所以我费很大精力，希望推动全国改革，比如我推动建立全国的大学先修课程体系和学生综合素质评价体系，目的就在于此。

大学先修课程和综合评价体系同样重要

记　者：开设大学先修课程最初的目的是什么？

王殿军：当时研究拔尖创新人才培养、优秀学生培养，问题出在哪里？我觉得有两个问题：一是教什么。对好学生教的一定要和别人不一样，就如古人讲的，千里马养法就得不一样。二是怎么教。因为不光是学的东西对学生有影响，教的方式对他也有影响。这是要解决的两个根本问题。

美国从 1951 年开始研制大学先修课程，1955 年开始大面积推广，历经五六十年，这是美国精英人才不断涌现很重要的一个原因。给学有余力的拔尖学生提供更有挑战性、更有难度的学习，这种理念是非常好的。

我推动在全国建立这样一个体系，一些人在编教材，一些人在设计管理系统，另一些人在设计考试系统，还要进行师资培训。这样推动确实很累，但是如果不这么做这事就做不成，单打独斗没人认你。

为什么还要有学生综合评价体系呢？因为开设丰富的课程之后，那些高考没用、选拔不用，但对学生未来发展又有用的东西，要在综合评价里体现出来。只有推动建立这样一个综合评价体系，我才可以大胆在中学开丰富多彩的课程。课程学得好，学完了就代表他多了一份能力，多了一样素质。这不是简简单单一个分数能衡量出来的。

为什么我刚才说两个都重要？一个照顾到拔尖学生培养，另外一个照顾到培养完了如何评价。高考题又不出大学先修课程的内容。怎么体现呢？得有一个综合评价的系统，将其列为重要的维度。就像体检，测你身高、体重、血糖、血压，都能够列入体检的指标。现在我们只看高考的分数，这相当于只量身高去评判一个人的健康程度。我们得有一个综合评价，高校在招生时能参考。

记　者：您做的这些事情，您认为是中国未来的高考改革方向？

王殿军：不是说我们一定向外国学习，而是我们一定要尊重规律。正确的方向迟早会找到，只不过现在社会的成熟度、老百姓的接受度、诚信体系的建设，尚未达到完全按照教育规律办事的阶段。但是教育又是要往前走的，在某种意义上它是需要有引领性的。

我们作为教育研究者和教育从业者，必须既看到它现实的一面，又看到它未来理想的一面。所以我觉得，迟早有一天，我们会像一流大学一样，选拔学生时将大学先修课程排在第一位，明确要求，你必须修三到四门，甚至五门，而且都要取得好成绩，这就证明你比别的孩子强。想想看，你平时成绩和他一样好，他把普通课程搞完就没精力了，你还有精力去学五六门大学课程，而且还学得那么好，这不是最好的证明吗？难道非要用高考成绩来证明吗？

所以，我们必须把这些内容做好了，慢慢有一天我们的管理部门、老百姓会认识到这个问题的重要性。

（《21世纪经济报道》2014年7月4日，记者／马娟、马晖，有改动）

奠基人生，做在学生身边的校长

——新华网专访清华附中校长王殿军

"思想禁锢以后人就会缺乏创造性，清华附中办学宗旨在于为学生营造一个宽松、和谐、自由的文化氛围，培养大气、阳光、素质全面提升的学生。"日前，清华大学附属中学校长王殿军在接受新华网采访时阐述了自己对学生素质养成的见解。

融合文化资源，让校园无边界，满足学生个性发展诉求

有劝学子们珍惜光阴的"行胜于言"日晷，有朱自清先生曾漫步驻足观赏月色的荷塘……清华，以她百多年来的品格、不动声色的包容，不知不觉地浸润着孩子们的智慧养成。

清华附中充分发挥位于中关村的区位优势和资源优势，积极为学生创新意识与探究能力的养成创造有利条件。王殿军认为，学校应该积极与社会互动，使校园无边界，动员一切可调动的教育教学资源为学生成长服务。学校建校以来，始终坚持邀请大学教授为学生授课的办学传统，帮助学生真切地感悟

科学与人文精神，体味尊崇学术、维护公理的大学精神，有效拉动了大学与附中的文化互动。当学生走出校园亲身体验生活课堂，清华园又成为天然大讲堂，极大地丰富了学校的课程资源……这样的"一出一进""一静一动"，打破了校园的藩篱，助推了学校课堂教学的有益延伸。自 2007 年担任附中校长以来，王殿军用自己所能提供的资源尽量为学生们创造更多满足自身兴趣和特长发展的机会。

从学生需求出发，积极创造条件，为学生终身发展奠基

"作为老师，必须就在学生身边，学生有问题随时能够解决，让他踏实地往前走。"作为一位校长、一位老师，王殿军始终跟孩子们在一起，坚持每周同孩子们打几次篮球，用他自己的话说，"放下身段，走近孩子"才能了解他们对学校的需求，虽然在激烈的拼抢中，他也有过"挂彩"的经历，但这种"亲近"带给学生和学校的改变却是巨大的。

"在学校教育对人才培养的影响中，中小学阶段是起决定性作用的，是为人生奠基的阶段。"王殿军表示，"校长要把握住学校的人才培养方向和教育的方向，要具备国际视野。"

学校是这样一个地方，她为学生提供成长的平台，给学生提供知识的滋养，从教室到校园，从图书馆到校长室，在这所附中里，处处都透着清华大学严谨的学风和朴实的作风。在为孩子们建设一流实验室的时候，在与国际学校的课程接轨的时候，清华附中从未吝惜过投入。是学校"钱多不愁花"？这样的评判自然是不对的，用王殿军校长的话说，"创造平台，并且提供丰富多彩的课程才能让孩子有机会发现自己究竟喜欢什么"。

在向孩子们讲述自己成长经历的时候，王殿军校长曾说过："对于我的经历，与其说是每一次馅饼砸着我，还不如说是我自己移动到馅饼下。收获的是偶然当中的必然。"在学生的成长过程中，无论是天分还是努力，王殿军认为

都是成长所必需的，"学生要在学中慢慢体验，在辛苦中努力，通过辛苦付出获得每一个进步，让孩子体验这种不断进步、不断成长的快乐。但是成长的过程和学习的过程没有那么轻松，本事哪能那么轻松就学到？"

打通学科壁垒，凸显校本课程特色，建构"三型"课程体系

"丰富多彩的课程和学习过程一定有助于学生变得聪明，有助于提高学生的综合能力、创新精神，这一点是毫无疑问的。"在清华附中，学生们常常可以走出校园，可以到校外甚至是京外进行趣味试验，学校还将课堂直接搬到圆明园，开设了"走进圆明园"选修课……学生们探访圆明园的历史、文化、自然，甚至研究它的环境，检测水质，观察动植物繁衍等，综合课程将圆明园作为一个大的系统进行考察，实现了各个学科的知识跨界融合。

王殿军认为，课程设置需要有"层次性"和"丰富性"两方面的考量。针对不同发展需求的学生设计课程，是王殿军在学校课程建设上的重要理念。对此，清华附中进行了课程整合，打破学科之间的壁垒，构建了"基础型""拓展型""研究型"三位一体、互为递进的课程体系，依此来因材施教。

传承清华附中百年传统，培养大气全面的阳光少年

在王殿军看来，作为一所全国知名高校的附属中学，清华附中百年来沉淀下来最重要的一些特点中，最突出的就是"大气"。附中要培养全面、大气的阳光少年，这种培养来自附中宽松的文化氛围和丰富的文化积淀，来自与大师对话的深厚文化内涵。

清华附中关注学生综合素质的培养，比如注重作为清华传统的体育。通过让学生参与体育项目，达到强身健体的目的；更重要的是，在中学阶段，强调体育对人的精神的作用，对人格塑造、对团队精神培养、对规则意识养成的

重要作用。

清华附中在体育、艺术、科技、动手能力等方面，既给每个孩子提供机会，又通过设置差异化的发展路径，给优秀的孩子提供更大的发展空间。

近几年来，在学校理想追求、文化氛围、学校精神的凝聚之下，老师们逐渐拥有了一种"教育自觉"：他的事业、他的梦想都寄托在了学校的发展和学生的成长上，当他看到每一个学生的发展变化时都会感到自豪和骄傲。用王殿军的话说，这是一种自我实现和对自己职责的自觉履行。自然，这种教育迸发出来的力量一定是巨大的。

寄语附中学子：厚积薄发，成为有思想的全人格少年

在王殿军看来，清华附中已经给毕业学子建立了宽广而厚实的文化基础，在未来他们可以大胆地尝试，不要怕失败，一定能够成功，因为他们已经接受了最好的教育，为未来的成长奠定了非常好的基础。所以他希望清华附中的毕业生自信、勇敢，他也相信他们将来肯定会有成就，无论在哪个行业一定都不会碌碌无为。

对在清华附中就读的孩子，王殿军提出了更为中肯的意见："一定不要功利，一定要相信你的学校、你的校长、你的老师为你提供的教育就是最好的教育，放开自己的想象，尊重自己的兴趣，全面发展自己的才能，为未来奠基。"

（新华网 2015 年 7 月 22 日，记者 / 商亮，有改动）

敢当前锋拓疆土，愿做观众护成长

——网易教育专访清华附中校长王殿军

2013 年北京市理科状元朱宸卓以 725 分的成绩闪耀了众人的视线，在大家热烈讨论状元的同时，也让一直表现低调的清华附中出现在了媒体和大众的视线里。这个有着百年历史的名校，曾经培养出了诺贝尔物理学奖获得者杨振宁、中国科学院院士李德平、当代著名作家史铁生、音乐家吴小燕、中央电视台播音员张宏民和香港凤凰卫视播音员陈鲁豫等多位知名校友。

2013 年 7 月 11 日，清华附中王殿军校长做客网易教育，与网友一起分享清华附中和他的故事。

学校初印象：大气高端有专家优势，综合全面不苛求成绩

网易教育：欢迎王校长做客网易教育。和今年高考北京市理科状元朱宸卓交流的过程中，我发现他和其他学生不一样，他一直强调自己是一个非常有思想、不随波逐流的人，而且我们在后续报道中也逐渐印证了这一点，这可能和清华附中一直以来对他的教育有关系。朱宸卓只是一个代表，清华附中更多

的孩子们，您觉得他们身上有一种什么样的素质？

王殿军：清华附中作为清华大学的附属中学，我们要做大气的教育、全面的教育、注重综合素质的教育。朱宸卓是学生中全面发展的一个代表，只不过他这次在高考中发挥更加出色一些。高考成绩只是我们教育追求中的一部分而不是全部。

朱宸卓从高一到高三，一直是他所在班级的生活委员。大家都读过高中，知道生活委员差不多是班里最苦最累的角色，为班级为大家服务，来得早走得晚，还要做很多杂事儿，如收班费、活动组织等，需要付出很多精力和时间。另外，他还在学校学生会组织部中干了两年，其中一年是干事，一年是部长，许多活动的组织、外联等工作都是他牵头完成的。他也参加了一些公益活动，经常深入到敬老院等地方从事公益活动，花了很多时间。这说明他是一个全面发展的孩子。当然，他学习也积极主动，但他从来不熬夜，也不会做那么多题目，这是我倡导的。

我认为，对于考试分数要客观地看，在现在的选拔制度下，不让孩子提高能力、考高分数不行，但我们不能为了考高分而让学生牺牲很多，事实是，往往牺牲太多以后成绩还不一定高，所以我一直有个观点，全面发展、综合发展绝不影响考试成绩。我坚定地提倡全面发展，学生的能力提高了，高考成绩的取得就变成了一个副产品，它不是刻意追求的目标，而是自然形成的结果。

网易教育：清华附中有非常良好的传统，和清华大学有不可分割的渊源，拥有的教育资源具有得天独厚的优势，所以有时间和精力来发展学生的综合素质，您觉得是不是因为学校底子比较好，所以发展得比较快？

王殿军：学校之间的差异永远会存在，有的学校之所以取得优势，我想有多方面原因，有时候可能得益于资源，有时候可能得益于办学理念，有时候得益于管理，有时候得益于生源。大家努力想消除差别，但差别永远存在，只不过是大小不同而已。

刚才您谈到资源，我觉得要看哪方面的资源了，其实从办学经费上来讲，我们学校是比较独特的，北京类似我们这样的学校，比如人大附中、北大附中，包括北师大附中，有个共同特点，我们的人事归大学管，业务方面，像考试、教学、招生等，归属地管，也就是归区里和市里的教育系统管，但我们的行政拨款、运行费归教育部管，通过大学专用经费拨到我们中学。

其实我们平均的教育费用远远低于北京市属学校和海淀区属学校。好多人认为我们的资源多，其实现在各个学校办学的基本条件都是不错的，这不是最主要的，我觉得影响教育最主要的可能还是管理和理念。当然，我们有一些资源是独特的，和清华大学只有一墙之隔，清华大学的好多资源就是我们学生的资源，比如大学的图书资源、实验室，有独特兴趣的孩子就可以去那些地方，在科学家身边和他们交流，向他们学习，了解科学的奥秘，这样容易产生对科学的兴趣。

网易教育：在经济资源不是特别雄厚的情况下，如何创办全国一流的重点中学？

王殿军：我认为决定一所中学是不是特别出色，经济条件是重要的，但不是唯一重要的，有的学校在边远的地方，照样可以出人才、可以出教育理念和经验。我们可以想象一下，在当年很艰苦的岁月，在抗战的特别年代，我们的大学、中学中都有一批办得非常好、培养出许多优秀人才的学校，所以资源和条件是很重要，但不是最重要的因素。

网易教育：能不能在教学理念方面，与大家分享一下清华附中的特色？

王殿军：这个话题有点儿大。在教学理念上，我们提倡全面发展、追求卓越的理念。我们提出中学阶段就是为培养未来杰出人才奠基。中学阶段总体来讲是人才奠基的阶段，奠基当然是各方面的：包括身体，身体不好什么事儿也干不了；包括心理，心理方面一定要大气、阳光、健康、积极向上、乐观。这需要在中学里营造氛围，形成校风，一定要有利于让学生产生正能量，这是一个方面。

另外一个方面就是知识的积累，我们鼓励自学，知识是未来攀登科学高峰、从事其他行业的工具、能力，这些都要通过学习来获得。当然，刚才我说了，身体、情感、素质、心理、文化等方面要有坚实的基础，但更重要的是要有理想、有追求、有坚韧不拔的精神。我们要通过一些精心设计的课程或者活动让学生在不知不觉中锻炼和提升能力与素质，教育的最高境界就是润物细无声，让学生在某个环境里慢慢就成为了我们希望他成为的人。

校风深度谈：德育不是口号是氛围，德育不在言传在身教

网易教育：下面我们来谈谈清华附中的校风，我们知道清华附中跟清华大学有渊源，在"行胜于言"之前又加了一个"德先于智"，咱们为什么要提出这个要求？

王殿军：清华附中作为清华大学的所属单位，我们在文化理念和精神上有很多继承性，所以我们的校训基本上继承了清华大学的"自强不息，厚德载物"。在校风上，清华大学现在正式的提法是"行胜于言"，因为大学生已经是成人了，但中学是确立人生观、价值观、世界观很重要的阶段，在这个阶段，我们把德育放在比较重要的地位，我觉得有助于学生树立正确的人生观、价值观，这是中学阶段非常重要的一方面，立德树人应该是放在第一位的。这个年龄阶段对于中学生做好未来人生的规划、树立人生目标和理想是非常重要的。打一个不太恰当的比方，如果你本领大，但你的品德不好，这对于社会来说反而更加危险。一个品德高尚的人掌握了强大的能力、技术，会做出对社会、对人类有贡献的事，如果你的品德不好，把这些本领教给你，反而是对社会潜在的危害。所以在清华附中，强调做人比学知识更重要，也就是在初中、高中时，我们要更加强调德育。

网易教育：之前网络上有个小段子——"感谢室友不杀之恩"，追溯事情的根源，其实就是在成长过程中德育方面做得不是太好。

王殿军：有时候我们容易把德育理解成一些口号、提法，实际上我们应

该把德育看成学校和教师营造出来的充满正气的氛围，尤其是现在，大多数孩子是独生子女，他们最缺乏的就是与人沟通的能力和团队协调的能力。学校特别注重班级活动的组织、宿舍活动的组织。在清华附中，经常进行宿舍之间的文明评比，我们用团队的作为来评价学生，尽可能避免对个体进行评价，当然，个体评价也很重要，但在运动会、合唱比赛、班级篮球赛和足球赛等活动中，我们特别强调团队。这些活动能很好地锻炼学生的团队合作意识和沟通交流能力，因为人缺乏沟通、缺乏交流就缺乏理解，缺乏理解就缺乏宽容，可能会造成冲突，所以这方面中学要重视。

网易教育：刚才您提到可以在一些体育比赛活动中落实德育，那么又该如何在相关课程中开展德育？

王殿军：过去大家对德育的理解存在偏差，总是给学生讲一些做人的大道理，很多孩子不爱听。所以我们一定要寓教育于活动，甚至是一些普通课程，我们经常强调全方位德育，有时候学科老师也可以在讲课过程中结合本学科的教育内容，不显山不露水地开展德育工作。

我是搞数学的，比如你讲到某一个数学定理，你可以告诉学生，这个结果不是一个人就能独立完成的，但他们几个人合作就能够完成。你可能没有强调合作在团队中的重要性，但实际上你已经给他们渗透了这种思想。

另外，好多定理为什么都是外国人发现的呢？中国人哪儿去了呢？好多大定理，我们也有，但为什么没那么多呢？我们国家数学科学虽然这两年发展得比较快，但相对全世界来讲还处于较低水平……教师在课堂上讲这些，其实就在无形中对学生进行了爱国主义教育，激发了学生的斗志。

我们还有一些专门的课程，不一定是讲德育的，比如生涯规划课程，各个学校都有，但我们的课程可能会涉及军训、军事、国防等各方面的内容。我们有领导力课程，开这门课的中学不是太多。我们有学生领袖活动，让大家团队合作，面对一些社会热点问题进行研讨等，表面看来是搞活动，实际上就是引导他们关注社会问题，有自己的独立思考，利用自己的认知水平给出自己的建议，这其实也是一种教育。

网易教育：做好德育工作，我发现对老师的要求还是很高的。清华附中对教师有相关培训吗？还是招聘时就要求他有这样的素质？

王殿军：新教师来了以后我们会对他进行一段时间的系统培训，告诉他作为教师应该完成一些什么样的任务，不是简简单单把课本的知识给学生讲明白，让他掌握就够了。首先，教师的行为、言行举止本身就是一种教育，也就是常说的言传身教。其次，教师要掌握这个年龄阶段学生身心发展的规律，不然你和他们怎么打交道，怎么照顾到他们的心理发展规律？这特别重要，我们要对新教师讲一些案例，请有经验的老师和他们分享；另外，我们还有师父带徒弟的机制。

网易教育：我刚才想到一个问题，现在青春期的孩子可能会有情绪上的波动，清华附中是不是有心理辅导室这样的机构？

王殿军：有，我们有特别专业的心理辅导医生，有些专业的工作还是需要专业的人员来做。一般的教师，也大多学习过教育学和心理学，对中学阶段的孩子遇到的较为普遍性、一般性的心理问题，都能进行相应的处理。

我记得我们曾办过一个"青年教师基本功大赛"，怎么把心理学的效应和原理应用到日常课堂教学和教育管理中，是其中一个重要方面，我们的老师平时训练有素，谈认识，讲案例，都讲得头头是道。教师掌握了必要的心理学知识，就能正确引导和化解矛盾，引导孩子度过青春期的关键时期，这对孩子的成长来说是非常重要的。

全面育才观：偏才怪才有成长空间，尊重个性发展

网易教育：刚才您强调了全面发展、培养学生综合素质的理念，在此之外我想您肯定也非常关注特长发展。有的孩子就是语文好，有的孩子就是数学好，他可能很难做到各方面均衡发展。您平时在教学工作中会关注这些孩子

吗？对这些孩子未来的发展，我们该如何提供更多的发展机会呢？

王殿军：中学阶段对学生总的来说是奠基，基础要打得坚实，同时视野要宽广一些。这个阶段的学生，有些人可能对自己的未来有明确的目标，甚至在小学、初中就定好了将来要干什么，但这只是一小部分人，大部分人可能只有一个大概的、模糊的目标，不是那么明确，所以在这个阶段，我们的教育要给学生打好坚实和宽厚的基础，将来他不管朝哪个方向发展，基础都是够用的。

对于已经显现出特殊才能、潜力，或者对某些方面已经有明确选择的学生，我们要求他基本能够达到全面发展。这个"基本"是什么意思？就是达到合格或优良的水平，但我们不能要求他每一科都那么突出，他可能某科非常突出，可能在某些方面是个偏才、怪才。在今天高考这种综合考试的选拔模式下，这样的孩子未来的发展机会是比较少的，某一个学科再厉害，最多不过考满分，另一科如果考得很差，总分还是上不来。

中学如何为这样的孩子提供发展空间、提供发展支持？在这一点上，我要自豪地说，清华附中做得非常好。我想通过一个例子来说明我们是如何做的。

因为我是搞数学的，我熟悉喜欢数学的学生。清华附中有一个学生叫邵城阳，他综合素质不错，对数学尤其酷爱，可是他又不太愿意搞竞赛，对于奥数他不喜欢，我们没有因为他有数学特长就逼着他去学奥数、拿金牌，没有！他不参加没关系，他来找我，我一样会给他指导，告诉他喜欢数学应该读什么书，甚至我花周末的时间给他讲一些东西。因为我在2007年之前在清华大学数学系当教授，讲大学数学还是比较擅长的。我指导他自学，同时也给他讲讲课，指导他做一些研究课题，到后来因为我的经历和研究方向与他所追求的不完全一致，我还特地从北大、清华找教授指导他学习。

后来他写了论文，提交给"中学生数学奖"组委会，最后获得了全国唯一的金奖，被清华大学破格录取。他是一个偏才，也是一个怪才，但我们为他提供了发展的空间和舞台。清华大学接纳了他，让他进入了"学堂计划"，由邱成栋先生主持的班来培养他。在清华附中，对有特殊天赋和才能的学生，我们一定会给他发展的支撑和支持，一定不会耽误每一个有天赋、有特殊才能的孩子的发展，这就是我们追求的——面向全体，同时一定要尊重学生的个性，给有个性、有特长的孩子提供最大的发展支持。我们的教育是普及与提高相结合的教育。

探国际教育：国际部不是输出是输入，出国念书不应盲目

网易教育：现在的家庭越来越富裕，出国留学的小孩越来越多，清华附中在几年前成立了国际部，这块是由您一手创办的，开办国际教育的目的是什么，主要招收什么样的学生呢？

王殿军：大家可能对中学办国际部的概念不陌生。好多人都说，我的孩子想到你们学校国际部读书，我告诉他：第一，我们的国际部原则上只招收外籍学生；第二，国际部采取全英语授课。我们举办国际部最初的动因来自清华大学。办国际教育的基本目的，一个是创造机会深入了解发达国家教育的经验，吸收它的经验；二是为清华大学建成世界一流大学服务。

因为清华大学的目标是要办世界一流大学，所以它的师资是面向全球招聘的。一些海外的人才来清华，他们的孩子从小接受的是外国的教育，来到附中不适应，所以大学说你能不能办一个国际部，以英语为主要的教学语言，这样大学引进人才，就不用担忧他们的孩子上学有问题，于是我们就办起来了。

从另一方面讲，中学自身也一直有这样的愿望，因为在中学教育或基础教育方面，尤其是培养杰出人才、拔尖人才、创新人才方面，我觉得我国还有一些不足，所以我一直想，我们能不能看看国外的教育是什么样的，到底是什么样的教育，课堂是什么样的，老师是怎么组织教学的，学生是什么样的状态。当然，我们也可以出国学习考察，但你出国几天，走马观花，你能了解多

深？我把一个类似的班放在校园里，我可以 24 小时看着它（当然这是开玩笑，人还是要睡觉的），可以随时深入课堂，深入学生活动现场，随时和国际部的老师进行交流。我们办国际部，就是想要借鉴国外教育先进的东西，教育规律应该是无国界的，培养人才的规律是无国界的，它应该是一个普遍的规律。我们学习、借鉴，但并不是完全原封不动地照搬外国的教育，我就是希望能够融合。我们中国的基础教育有这样的特点，我们很自豪，我们也有先进的教育理念，比如因材施教、有教无类，孔子在全世界都被尊为教育的大师、圣人，这方面是我们引以为豪的，但在教育方面我们也要有开放的思想，有国际化的视野，祖先好的东西我们要坚持，外国好的东西我们也要学习。学习不是照搬照抄，而是理解人家背后的教育思想、理念，为我所用。

所以在国际部里，我在努力创造一种中西融合的教育，吸收各自教育的优点，创造一个新的教育模式。

网易教育：这和我们通常认为的高中的国际部还真不一样。

王殿军：不一样，他们的国际部一般都招中国学生，培养完了以后送出国。我有一个通俗的比喻，可能不太恰当，他们做的有点像出口，我们有点像进口，当然教育嘛，他们是输出，我们是输入，两个不同方向。

网易教育：王校长，您有没有关注从清华附中毕业的高三学生直接升入国外大学的情况？

王殿军：当然很关注。现在这是一个大趋势，有一些学校专门有出国班，但在清华附中没有。清华附中是一所公办学校，我一直认为还是应该贯彻国家的教育方针，高中的职责是把学生培养好，主流的方向还是希望他能够在中国读完大学，当然，学生有权利选择去哪里读书，选择出国也是他的自由。高中已经不是义务教育了，大学更不是，所以学生有一定的选择性，这也符合国际惯例。有的学校选择用学校的教育资源、师资力量培养一批孩子，把他们送到国外，我没选择这样的做法，至少目前没有。

网易教育：现在有一些家长，尤其是中产家庭或海归背景的家长，他们会觉得把孩子送出去对他未来的发展会更好，您觉得他们是不是对国内的教育不太自信？

王殿军：这个问题比较复杂，不是特别好回答，但我愿意跟你交流探讨一下。各国的教育都有它自己的特色，不能简单地以好坏区分，当然，有些孩子可能在这个体系下发展得比较好、比较适应，有些孩子不适应，每个国家都有这样的情况。孩子在某个教育环境下发展得不好，一方面要找找教育系统、体系和学校的问题；另一方面，可能也要找找自己的问题，对于有些孩子来讲，如果自己的方式方法、思维模式不改变，放哪儿也不行。所以对这件事情我们要冷静对待，我们毕竟是中华人民共和国的公民，我们的孩子还是要尽可能适应我们的教育体系，因为教育不仅事关上大学，还事关人格的塑造。教育是全面培养人的过程，要完成学生的人生观、价值观、世界观的塑造，这个阶段错过以后，将来他长大了、进入社会到底算哪国人？他的国籍可能是中国的，但他的价值观、世界观和我们不一样，可能不一定有归属感了。所以我认为，对于出国留学这件事家长们要想清楚，要慎重一些，一定不要盲目跟风，觉得谁去了我们也要去，应该因人而异，因事而异。在这件事情上我不是特别鼓励，但也不是特别反对，我觉得应该顺其自然，我提醒大家的是不要跟风，每个人都应该独立思考，做出自己的判断。

话体育教育：不仅是教体育技能和体育精神，更是人才培养新尝试

网易教育：下面我们来了解一下清华附中课堂之外的体育运动，因为清华附中孩子们的课外活动非常多，上次我在清华附中看到了很多长得特别高、一看就是打篮球的孩子，我特别有同感，因为我之前打了三年篮球，打前锋的位置。您跟孩子们玩的时候打哪个位置？

王殿军：我也打前锋。

网易教育：看不出来。

王殿军：因为我跑得快，投得准。

网易教育：听说在清华附中，体育运动能够一直坚持开展到高考前夕，家长会同意您的做法吗？

王殿军：在开家长会的时候我不断重申这一点，因为这不仅仅是清华附中的传统，也是清华的传统。清华特别重视体育，重视体育不见得是重视体育成绩，而是要在孩子的脑子里形成一个概念：体育和运动是我一生很重要的方面，要形成一个习惯，良好的体育运动习惯。

网易教育：为祖国健康工作50年。

王殿军：对，为祖国健康工作50年，这是清华一直提倡的口号。您刚才提到了篮球，这个说来话长，我们和清华大学联合成立了"马约翰体育特长班"，马约翰实际上是清华大学原来体育教研部的主任，当然他已经去世好多年了。我认为他是一个体育教育家，他对清华的体育精神以及整个体育教育体系的形成贡献很大，还一度担任过我们清华附中的校领导。他特别提倡体育在教育中应该发挥更重要的作用，人们通常认为体育就是锻炼、提高身体健康水平，其实体育的教育功能远远大于健体，在体育活动中，人学会了有规则地竞争、有秩序地竞争，以及在团队中怎样合作、担任不同的角色。比如打篮球，有人担任中锋，有人担任前锋，有人担任后卫，每个队员有不同的岗位职责和特长，这些岗位既有分工又有合作，有时候中锋抢到球，有夹击，他得把球传给别人，大家只有配合才能够创造条件，不要光看到得分的人，没有助攻也不可能得分，后场抢了球一路过人直接得分，这种人有，但极少，成功必须靠配合。

在比赛失利的情况下怎样调整、怎样逆转，这种顽强拼搏和不服输的精神，我们要仔细去挖掘。体育运动对整个人格的塑造非常重要，和德育可以有机融合。有些学校总觉得高三了，紧张得要死，体育就搁一搁吧，这说明他们对体育、对教育的认识不够。我们的高三学生每天课间在学校跑几圈，一直要坚持到高考前夕。

马约翰主要是探索用体教结合的方式培养高水平的人才。我们国家体育人才的培养，过去靠的是另外一个体系，专业体育人才的培养和我们常规的教育体系是脱节的，比如搞个业余体校。但是，我们要看到，世界上一些体育强国，他们培养体育人才实际上不是这个模式，他们把体育人才的培养和常规的教育融合在一起。搞体育有天赋的孩子，他们的文化课基础和其他综合素质的发展不会被耽误，他和别的孩子接受了同样的其他方面的教育，在普通学校的氛围里成长，同时也不耽误体育特长的培养。这样培养出来的体育人才，文化底蕴雄厚、个人修养全面、品德素质高尚，同时体育水平高，我们希望培养出这样的人才。

就拿 NBA 来讲，他们的运动员应该说绝大多数都是大学毕业生，再看看我们的体育运动员，从小可能是在另外一个体系中成长，往往是拿到冠军以后再去哪个大学读一个文凭。但培养综合素质、受教育是有规律的，错过了中小学阶段，有些综合素质就很难再培养和发展了。教育要尊重规律，我特别希望能够在中学教育体系里，开展一些教育和体育融合到一起的项目，叫作教体结合或者体教结合，培养高水平的人才，未来能够成为我国培养竞技性体育人才的重要渠道。清华附中一直在做这样的探索，刚才您谈到了篮球，我们的篮球在全国中学里是很有影响的，我们的男子篮球队，多年蝉联全国总冠军，我为他们感到自豪。

网易教育：您是他们的陪练。

王殿军：我还达不到，我是他们的观众，给他们加油的。对于清华附中在体育方面的成绩，我一直没怎么宣传，今天你提到了我就随便说一说，清华附中的篮球很厉害，除了篮球之外，田径方面也有很多好手，射击方面我们也很强。相比这些成绩，我觉得更重要的是我们在探索一种依靠常规教育体系培养体育人才的模式，这是一种很有意义的探索和改革。

校长私分享：没事爱和学生待一起，教育热情源于爱与被爱

网易教育：我想接下来聊聊王校长您个人，从大学教授到清华附中校长，在工作方面有了一些调整。您在清华附中一天的工作是怎样的，给我们描述一下吧。

王殿军：我常规的工作节奏，一般是七点左右到学校，尽快吃完早餐。早读不是真正的课，来得早的孩子自由读一些书，一般没有什么特别的事情的话，我喜欢早读时间在教室里转转，好多孩子都认识我，尤其初中的孩子，一看我来了，读的声音特别大，特别起劲。我特别喜欢离孩子很近，在他们的琅琅读书声中走过教学楼的每一个房间，然后我就开始办公。

中午我一般也不休息，就在学校食堂吃饭，看看当天拿到的报纸、杂志，稍微换一下节奏，下午继续投入到工作当中。如果没有什么特别的应酬，我也喜欢晚自习时在教室里转转，看看晚自习当中大家勤奋学习的身影。总的来讲，我特别喜欢听到孩子们的读书声，看到孩子们读书的样子，让教师和学生也感到校长就在他们身边。

当然，我更愿意参加他们的一些活动。有时候看到他们在楼下打羽毛球，我也会跟他们打两下，我羽毛球打得不错。有篮球比赛，我也会跟他们打一打，但就我这个体格，我会选择和初中生打（笑），高中生太高大。他们有什么活动我通常都愿意停下来看一看，一天过得很快乐，很充实，很幸福。晚上看完晚自习一般都九点多快十点了。

网易教育：一天十多个小时都在学校。

王殿军：当然，我在学校也有好多会，有时候经常出去开会，如果没有别的事情我就会这么安排，这是常规的，但很多时候有别的事情，也不能按照自己理想的模式过。

网易教育：您见到孩子总是微笑着，您这么喜欢小孩子，是受之前经历的影响，还是有些人影响了您?

王殿军：这个我也不知道，我自己也说不清，反正就是喜欢。我本科是学师范的，我老家在陕西非常边远的一个小山村，那里民风纯朴，人们互相关爱，所以长大后就觉得应该以同样的方式对待别的孩子。对教育的功能、作用的理解，让我发自内心地觉得只有对孩子、对老师充满了无限的爱，才能有持续不断的动力和激情，把工作做得更好，你才能认识到这种工作的价值。

网易教育：反过来说学生也会感受到你的爱。

王殿军：你要真去清华附中实地待一个月，体验一次，你会感觉到我们的学生有多么喜欢我。

网易教育：教育是一件值得永远做下去的事情，您有没有想过自己如果有一天退休了，会怎样继续自己的教育事业？

王殿军：我想无论我退休不退休，都会一直热爱教育。我觉得非常幸运，能够有机会从事自己喜欢的职业，做一些事情。如果说我们的学校教育培养了一批优秀的人才，甚至影响了一些学生一生的发展，我感觉非常自豪。一批充满爱心、充满创造力、阳光大气的孩子从清华附中毕业，进入大学，走上社会，在不同方面为国家做出自己的贡献，这是我最愿意看到的。

名校进行时：世界名校只是目标，中国教育应融入世界

网易教育：请您跟我们分享一下清华附中未来的发展蓝图，您觉得清华附中距离世界名校还有多大的距离？另外，您认为世界名校发展起来是什么样的？

王殿军：其实没有一个评价机构或指标体系说谁就是全国名校，谁就是世界名校、全国一流学校等等，之所以有这样的说法，是因为大家都这么讲。我希望清华附中的孩子要追求卓越，同时我们学校也要追求卓越，尤其在理念上、做法上要有一些改革和探索，甚至在某些方面愿意做一些尝试性的、突破性的工作，在全国起到创新或是引领作用，这是我们追求的目标，当然，真正

能不能引领，还得用时间去检验。

世界名校，也许我们永远达不到，但永远是我们追求的目标，因为教育是有国界的，但教育规律是无国界的，我们应顺应教育规律放眼世界，看每个国家每个地方在人才培养方面有什么新的东西，我们应该积极学习、体验和借鉴。

关于教育这件事情，我们一定要放下自己的既有观念，一定要面向全世界，看到不同的区域、不同的国家，在基础教育和高等教育、学前教育方面，都是怎么做的，整个体系是怎么设计的。一所学校，什么时候在教育方面有一套自己的完整理念能够被国际认可，什么时候它的教育模式有自己的独到之处能够被国际关注，什么时候有一套课程体系能够得到国外专家的认可和全世界的推崇，那才能称得上是比较有影响力的学校。世界名校的学生要有世界影响，教育理念要有宽阔的世界视野。

向世界名校目标迈进，首先我们要了解国际的情况，还要积极参与到国际教育的讨论中。2012年我们做过一件事，我觉得对扩大我们的国际影响有好处，就是倡导召开了美国大学和中国知名中学之间的联盟会议，有40多位美国大学的代表和近50位中国的中学校长参加论坛，论坛持续了将近三天时间，其实就是了解美国大学是如何选学生的，了解中国的高中是如何推荐学生去美国大学的，你会发现中国的中学在推荐学生上大学这件事情上比美国的中学做得差远了。我们去美国读大学的学生主要依赖中介机构，中介去给他们准备升学的材料。中介机构绝大多数是遵纪守法的，但也有一些中介在材料上有点过度美化，对学生的描述高于学生的实际情况，我不愿意用"弄虚作假"这个词，这已经被国外的大学注意到了，他们感觉不太好，因为在推荐学生这件事情上，他们觉得应该非常诚信、诚实，所以他们希望中国的高中承担起推荐学生的职责，直接推荐，不要通过中介，除非中介特别按规则办事。

在学生申请出国的事情上，我觉得应该站出来组织一下，他们特别欢迎，他们说我们有联盟，大家共同遵守规则，你们也应该有联盟，所以我就搞了这个联盟。在教育规范、规则上还是要遵守国际规则，你不要独搞一套。在努力成为世界名校这件事情上，我们也不是很功利。我希望中国的学校都应该开放，都应该有国际视野，都应该通晓国际规则。中国要成为国际教育很重要的方面，要想让人家理解我们，我们首先得理解人家。

网易教育：就是要从大的环境来看中国教育和世界教育的关系。

王殿军：中国教育应该变成世界教育的一部分，让大家都懂得你在想什么、在做什么、怎么做的。

网易教育：今天我们谈到了清华附中的教学理念、人才培养、体育运动、高考成绩等等很多话题。时间过得太快了，我们还有很多话题有待下次再聊，期待王校长有机会再次做客网易教育！

（网易教育频道 2013 年 7 月 12 日，记者 / 红颖，有改动）

图书在版编目（CIP）数据

面向未来的教育创新／王殿军著.—上海：华东师范大学出版社，2020
ISBN 978-7-5760-0769-5

Ⅰ.①面 ... Ⅱ.①王 ... Ⅲ.①中学—校长—学校管理—研究 Ⅳ.① G637.1

中国版本图书馆 CIP 数据核字（2020）第 152719 号

大夏书系·教育新思考

面向未来的教育创新

著　　者　王殿军
责任编辑　卢风保
责任校对　殷艳红　杨　坤
封面设计　奇文云海·设计顾问

出版发行　华东师范大学出版社
社　　址　上海市中山北路 3663 号　邮编　200062
网　　址　www.ecnupress.com.cn
电　　话　021‑60821666　行政传真　021‑62572105
客服电话　021‑62865537
邮购电话　021‑62869887　地址　上海市中山北路 3663 号华东师范大学校内先锋路口
网　　店　http://hdsdcbs.tmall.com/

印 刷 者　北京季蜂印刷有限公司
开　　本　700×1000　16 开
插　　页　1
印　　张　14.5
字　　数　205 千字
版　　次　2020 年 9 月第一版
印　　次　2022 年 1 月第五次
印　　数　15 101‑18 100
书　　号　ISBN 978‑7‑5760‑0769‑5
定　　价　49.80 元

出 版 人　王　焰

（如发现本版图书有印订质量问题，请寄回本社市场部调换或电话 021‑62865537 联系）